Georg Baesecke

Die Sprache der opitzischen Gedichtsammlungen von 1624

und 1625

Laute, Flexionen, Betonung

Georg Baesecke

Die Sprache der opitzischen Gedichtsammlungen von 1624 und 1625
Laute, Flexionen, Betonung

ISBN/EAN: 9783743661851

Hergestellt in Europa, USA, Kanada, Australien, Japan

Cover: Foto ©ninafisch / pixelio.de

Weitere Bücher finden Sie auf **www.hansebooks.com**

Die Sprache der Opitzischen Gedichtsammlungen
von 1624 und 1625.

Laute, Flexionen, Betonung.

Inaugural-Dissertation,

zur Erlangung der philosophischen Doktorwürde der

Georg-August-Universität zu Göttingen

eingereicht von

GEORG BAESECKE

aus Braunschweig.

1899.

Hofbuchdrucker Julius Krampe, Braunschweig.

Die Sprache der Opitzischen Gedichtsammlungen von 1624 und 1625.

Laute, Flexionen, Betonung.

Inaugural-Dissertation,

zur Erlangung der philosophischen Doktorwürde der

Georg-August-Universität zu Göttingen

eingereicht von

GEORG BAESECKE

aus Braunschweig.

1899.

Hofbuchdrucker Julius Krampe, Braunschweig.

Referent: **Prof. Roethe.**
Correferent: **Prof. Heyne.**
Tag der mündlichen Prüfung: **8. Mai 1899.**

Inhaltsüberficht.

	pag.
Einleitung	1
Konfonanten	11
Dentale	11
§ 1. Mhd. *d* und *t* > ab *d-t* > nhd. *d-t* im Anlaut	11
§ 2. Mhd. *d-t* > ab *d-t-dt* > nhd. *d-t-dt* im Inlaut	12
§ 3. Die Dentale im Auslaut; *dt*	13
§ 4. Schwund von Dentalen	17
§ 5. Verhalten zu unorganifchen Dentalen	17
§ 6. Affimilationen	18
§ 7. Die dentale Affrikata	18
§ 8. *s*-Laute; *fch*	19
Labiale	23
§ 9. Mhd. *b* und *p* > ab *b-p* > nhd. *p-b* im Anlaut	23
§ 10. *b-p* im Inlaut; *b* > *ƀ*	24
§ 11. *b-p* im Auslaut	24
§ 12. Die labiale Affrikata	24
§ 13. Labiale Spiranten	25
Gutturale, Palatale, *h*	26
§ 14. Im Anlaut	26
§ 15. Im Inlaut zwifchen Vokalen	28
§ 16. Im Inlaut vor Konfonanten	28
§ 17. Im Auslaut	29
Nafale und Liquiden	31
§ 18. *m* > *n*	31
§ 19. *mb, mp*	33
§ 20. Schwund und Enthefe von *n*	35
§ 21. *r*	35

	pag.
Übergänge zu den Vokalen	36
§ 22. Silbifche Konfonanten	36
§ 23. Halbvokale	37
Vokale der betonten Silben	38
a	38
§ 24. Zeichen und Laut *a*	38
§ 25. *a-â*	38
§ 26. Quantität aus der Schreibung beftimmt; Allgemeines	38
§ 27. Quantität aus den Reimen beftimmt	42
§ 28. Umlaut	44
e-Laute	45
§ 29. Schreibung	45
§ 30. Qualität aus den Reimen beftimmt	48
§ 31. Quantität der *e*-Laute	54
§ 32. Zufammenfaffung	55
§ 33. Sonderentwicklungen	55
i-Laute	56
§ 34. *ö* > *i*	56
§ 35. *ie* > *i*	56
§ 36. *üe, ü* > *i*	57
§ 37. Quantität nach den Reimen	58
§ 38. Quantität nach der Schreibg.	59
§ 39. Sonderentwicklungen	61
o, u	62
§ 40. *uo* > *u*	62
§ 41. Wechfel von *u* und *o*	62
§ 42. Quantitierung	64
§ 43. Grenzen der *o-u*-Laute; Umlaut	65
§ 44. Wechfel von *ö* und *ü*	67

	pag.
au	68
§ 45. Zeichen und Laute .	68
§ 46. Grenzen des Umlauts . .	68
§ 47. Sonderentwicklungen .	70
eu-Laute	70
§ 48. Nach der Schreibung	70
§ 49. Nach den Reimen	71
§ 50. *au, eu* < mhd. *iu* . .	72
§ 51. Übergänge zwischen *eu*- und *ei*-Lauten	72
ei-Laute	73
§ 52. Nach der Schreibung	73
§ 53. Nach den Reimen . .	74
§ 54. Wechſel von *ei* und *i, î*	74
Nebentonige und unbetonte Vokale	75
§ 55. Qualität (und Quantität) .	75
§ 56. Synkopierungen und ähnliche Verſtümmelungen bei Stammſilbenvokalen. . .	76
§ 57. Synkope v. Ableitungsſilben- und Kompoſitionsfugenvokalen (bezw. Entheſe)	77
§ 58. Synkope von Flexionsſilbenvokalen	79

	pag.
§ 59. Entheſe	82
§ 60. Opitzens Regeln über Hiat, Eliſion, Apokope; Allgemeines	82
§ 61. Hiat	83
§ 62. Eliſion und Apokope von stammhaftem *e*	84
§ 63. Eliſion und Apokope von Flexions-*e*	88
§ 64. Epitheſe . .	91
§ 65. Zuſammenfaſſung . . .	92
Betonung .	94
§ 66. Betonung	94
Flexionen	102
§ 67. Starkes Subſtantivum . .	102
§ 68. Schwaches Subſtantivum .	102
§ 69. Sonſtige vom Nhd. abweichende Subſtantivformen .	103
§ 70. Genus	104
§ 71. Pronominale Flexion . .	105
§ 72. Starkes Verbum	106
§ 73. Schwaches Verbum . . .	107
§ 74. Präteritopräſentia cet. . .	108

Einleitung.

Als Opitz im Jahre 1619 in Heidelberg einzog, hatte er ſchon Gedichte verſchiedener Art veröffentlicht; im Ariſtarch Überſetzungsproben, Anagramme, weniges Eigne und ſchon mit dem Anſpruch des Muſterhaften: in beſondern Ausgaben Gelegenheitsdichtung, zum großen Teil lateiniſch. Nun in Heidelberg ſcheint auch ihm ein kurzer Frühling der Poeſie zu erblühen, eine Liebeslyrik erwächſt, davon, ohne Dank zu verdienen, der offnere Zincgref manches Stück erhalten hat. Opitz ſelbſt durfte ſchon damals das, was dichteriſch an ihm war, nimmermehr dafür halten. Er muß ſofort ein andrer Menſch geweſen ſein, wenn er mit Bewußtſein litterariſch thätig war. In ſeiner Ausgabe von 1625 leugnet er denn auch die Aſterien, Flavien und ihresgleichen: ſie ſollen nie gelebt haben. Aber ſelbſt im Parademarſch der Alexandriner findet ſich noch dies und jenes, das urſprünglich wohl in ſchwebendem Rhythmus könnte gegangen ſein. Er geſteht auch in einem Briefe an Colerus vom 28. Februar 1628 (abgedruckt bei Palm, ‚Beiträge zur Geſchichte der deutſchen Litteratur', Breslau 1877, pag. 162): ‚*Ego earum nugarum, quas adolescens fere Heidelbergae et alibi excogitaveram, pretium nunc quoque hic fero. Omnes enim aedes, omnes plateae cantiunculis meis perſtrepunt, quae in compitis quoque uno alterogue obolo venduntur.*' Daneben entſtehen auch kunſtmäßige Dichtungen: Diſtichen an feinen Lehrer Gruter, die Überfetzung des Heinfiusfchen Lobgefanges Chrifti; vielleicht ift er auch fchon an Ronfard herangetreten. Dann kommt der Krieg, im Herbft 1620 rückt Spinola in die Pfalz ein, und Opitz fchmiedet das fchöne Gedicht ‚Wider die fcheußlichen Maranen'. Er felbft flieht eilig den Rhein hinab und kommt zu dem gefeierten Nicolaus Heinfius, der für feine Verskunft längft von Bedeutung gewefen war. Dort erhält er vielleicht noch weitere Anregung, aus dem Niederländifchen zu überfetzen. Er kommt weiter an die ‚kalte Cimberfee', aber er denkt immer noch an feine Heidelberger Galathee. Sieben Monate hält er fich dort bei feinem Freunde Hamilton auf, demfelben, dem er den Lobgefang Chrifti zugefchrieben hatte. Wieder in der Heimat, ift er dann eine Zeit lang ohne Befchäftigung. Er weiß indes feine Widmungen wohl anzubringen und knüpft durch ein Troftgedicht mit dem Anhalter Hofe an, als die Herzogin Sophie Elifabeth ftirbt. Im Jahre 1622 erhält er durch Vermittlung des Brieger Herzogs eine Anftellung beim Fürften Bethlen Gabor von Siebenbürgen. Dort muß er feine ‚Hunnen' in Cicero und Horaz einführen, auch den Fürften felbft unterrichten, und zwar ‚mit der gebührenden Emfigkeit'. Trotz der ungünftigen Verhältniffe, die ihn bald müde in die Heimat zurücktreiben, beginnt er dort die Arbeit an feiner gelehrten ‚Dacia antiqua', ‚Zlatna' entfteht (von Parchwitz aus 1623 Herrn Heinrich von Stange gewidmet), die ‚lange Vandala' tritt hie und da auf, bei der er ein ‚erlaubtes und ehrbares Vergnügen' gefunden. Im Auguft 1623 ift er wieder daheim, er wird fürftlicher Rat und lebt am Hofe von Brieg zwar unbefoldet, doch, wie es fcheint, ganz wohl aufgehoben.[*]

Da kommen heraus: *Martini Opicii / Teutfche Poemata / vnd / Ariftarchus / Wieder die verachtung Teutfcher Sprach, / Item / Ver-*

---

[*] Die Nachrichten größtenteils nach Palm a. a. O. Der Auffatz von Rubenfohn, ‚Der junge Opitz. 2.' Euphorion 1899, p. 24 ff. erfchien erft nach Abfchluß meiner Arbeit.

teutfchung Danielis Heinfij Lobgefangs | Jefu Chrifti, | vnd | Hymni in Bachum | Sampt einem anhang | Mehr auferleßener geticht anderer | Teutfcher Pöeten. | Der gleichen in diefer Sprach | Hiebeuor nicht auß kommen. | Straßburg | In verlegung Eberhard Zetzners. | Anno 1624.*) Der Herausgeber ift Zincgref, Opitzens Heidelberger Freund. Die Ausgabe mufs einft befchloffen gewefen fein, Opitz hat fie gewußt und gewollt, denn er hat eine Vorrede dazu gefchrieben. Aber freilich wohl fchon mehrere Jahre vorher. Jedenfalls ift keins der ‚Teutfchen Weltlichen Poemata‘ von 1624 erweislich nach 1621 entftanden. (Vgl. § 66.) Das beftätigt ein Brief Opitzens an Buchner vom 5. Oktober 1624 (abgedruckt bei Geiger, ‚Mitteilungen aus Handfchriften‘, Erftes Heft, Leipzig 1876, pag. 31): ‚— — *Porro quia germanicorum poëmatum editionem innotuisse tibi video, scito eam a manu Zingreifii esse qui libello quem ante aliquot annos Heidelbergae concinnaveram plurima sine discrimine adjecit quod indigna luce publica et mendis plena, cum ab admodum puero conscripta fuissent, merito exposueram. Itaque etiam atque etiam peto, ne ex nugis istis conjecturam de reliquis rebus meis facias; sed donec brevi emendatiora et auctiora prodeant, inque amicum qui nullo quidem malo animo, intempestive tamen meque inscio, ista prodire passus est culpam omnem rejicias.* — — —‘ Ferner eine Stelle der Poeterey (Neudruck pag. 24): ‚So find jhrer auch zwey‘ — Echogedichte — ‚in meinen deutfchen Poematis, die eulengft zue Straßburg auß gegangen, zue finden. Welchen buches halben, das zum theil vor etlichen jahren von mir felber, zum theil in meinem abwefen von andern engeordnet vnd vurberfehen zuefammen gelefen ift worden, ich alle die bitte denen es zue gefichte kommen ift, fie wollen die vielfältigen

---

*) Die Ausgabe ift befchrieben in den Haller Neudrucken 15 p. VII und in Schnorrs Archiv VIII, 487. Im Exemplar der Göttinger Königl. Univerfitätsbibliothek beginnt die Dedicatio: *Dem Hochgebornen Herrn | Herrn Eberharden, Herrn zu Rappolt | stein, Hohenach vnd Geroltzeck, etc. Meinem | Gnedigen Herrn.* (Vgl. dagegen Schnorr a. a. O., Hoffmann von Fallersleben, Martin Opitz von Boberfeld, Leipzig 1858, pag. 6.)

mängel vnd irrungen ſo darinnen ſich befinden, beydes meiner jugend, (angeſehen das viel darunter iſt, welches ich, da ich noch faſt ein knabe geweſen, geſchrieben habe) vnnd dann denen zuzurechnen, die auß keiner böſen meinung meinen gueten namen dadurch zuw erweitern bedacht geweſen ſein. Ich verheiſſe hiermitt, eheſtes alle das jenige, was ich von dergleichen ſachen bey handen habe, in gewiße bücher ab zue theilen, vnd zue rettung meines gerüchtes, welches wegen voriger vbereileten edition ſich mercklich verletzt befindet, durch offentlichen druck jederman gemeine zue machen.'

Zincgref wird alſo nach einem alten Sammelmanuſkripte, das ihm Opitz etwa 1621 geſandt oder das er bei deſſen Flucht in Händen behalten hätte, die Straßburger Ausgabe hergeſtellt haben. In dieſem Falle hätte ihm Opitz noch bis 1621 handſchriftliches Material zur Ergänzung geſchickt. In beiden Fällen hätte Zincgref die Ausgabe nach andern Handſchriften und den erſchienenen Einzeldrucken erweitert. Daß Opitz ſelbſt ältere Gedichte nach 1621 noch beigetragen habe, läßt ſich nicht erweiſen und iſt nicht wahrſcheinlich. Ein Brief Mathias Berneggers an ihn vom 24. Juli 1623 (abgedruckt bei Witkowski, Poeterey, pag. 36) läßt ſchon durchſcheinen, daß ihm eine Zincgreffche Edition nicht ſonderlich willkommen ſein würde: ‚Ea (ſcil. carmina) *a Gratiis simulac Musis insessa curante D. Zincgrefio nostro — in lucem uti spero brevi nostrates typographi producent teque vel invitum in famae clarioris ore constituent.*'

Mochte nun Opitz im Jahre 1624 noch um die Ausgabe wiſſen oder nicht, jetzt kam ſie ihm offenbar ſehr ungelegen. Er glaubte weitergekommen zu ſein, vielleicht gerade in dem letzten Jahre philologiſcher Muße. Er hatte wohl ſchon den Plan einer eigenen Muſterausgabe, die ſeine neu gewonnenen oder feſter gewordenen poetiſchen Überzeugungen und ſprachlichen Reformationsgedanken vertreten ſollte. Er hatte vielleicht ſchon Fühlung mit der ‚fruchtbringenden Geſellſchaft' und ihrem feierlichen Herrn, dem Herzog Ludwig von Anhalt, der durch feine Machtstellung im litterarischen Deutschland am besten jemanden zum einflußreichen Dichter machen konnte. — Da erscheint die schlimme, kompromittierende Straßburger Ausgabe (a).

Aber bald danach, vielleicht noch besonders dadurch angeregt, die ‚Poeterey‘. Und dann Opitzens eigne Ausgabe (b): *Martini Opitii / Acht Bücher, / Deutscher Poematum / durch Ihn selber herausgege- / ben, auch also vermehret vnnd / vberfehen, das die vorigen / darmitte nicht zu ver- / gleichen sindt. / Inn Verlegung Danid / Müllers Buchhandlers / Inn Breßlaw. / 1625.* (Beschrieben bei Hoffmann a. a. O. pag. 8.) Die Widmung an Ludwig von Anhalt. Der Grundstock ist derselbe wie in a, besonders die größern Stücke (Zlatna, der Lobgesang Christi, der Lobgesang Bachi) sind geblieben.*) Aber alles Gebliebene ist gründlich durcheinander gerüttelt und umgeordnet; a, schon genugsam bejammert, wird thunlichst totgeschwiegen. (Vgl. besonders die Vorrede zur ‚Lust des Feldlebens‘.) Die leichtern, sinnlichern Gedichte haben weichen müssen oder werden wenigstens in der Vorrede entschuldigt („*wie denn Asterie, Flavia — nichts als Namen sind*"). Zu Persönliches ist gestrichen, z. B. das schon berührte Maranengedicht der Dohnaschen Sinekure zuliebe. Wieder Anderes mag schon die nichtalexandrinische Form verdächtig gemacht haben. Aber damit ist zugleich manches Läppische, Nichtsnutzige oder formell Rohe geschwunden. Neu hinzu kommen eine ganze Reihe geistlicher Gedichte, eine Samm-

---

*) Grundlage des Textes sind, wie bei O.'s polemischer Stellung gegen Z.'s Edition fast selbstverständlich, in der Regel die ersten Einzeldrucke gewesen. (Aufgezählt bei Hoffmann pagg. 5—7.) Genauer nachgeprüft habe ich das beim ‚Lobgesang Christi‘, der zuerst 1621 einzeln erschienen war. (Vgl. b H 42: erster Druck und b haben: *holdseligster von allen*, a: *holdseligster vor allen*; b J 21: erster Druck und b: *auff auff*, a: *auch auff*.) Für die übrigen a und b gemeinsamen Gedichte und darüber hinaus weisen die zahlreichen alemannischen Formen der Breslauer Ausgabe auf den Straßburger Druck als Textgrundlage hin, wie meine Arbeit zeigen wird. Genaueres zu sagen ist mein Material unzureichend, und ich überlasse das der erwarteten kritischen Ausgabe der Opitzischen Werke. — Doch vgl. § 26,3.

lung von Sonetten nach Ronfard*), Beifpiele aus der Poeterey, viele Gelegenheitsdichtungen, die nach 1621 entftanden find, darunter die der Wiener Reife (1625).

Und im Einzelnen ift überall die ändernde, beffernde Hand merkbar. Opitz hat wenig Refpekt vor der Bedeutung eines in feinem Zufammenhange ftehenden Gedankens, wenig Scheu, durch Änderung die Wirkung des Ganzen mitzuändern, vielleicht zu fchwächen. Davon lieft man ein nettes Beifpiel bei Witkowski a. a. O. pag. 180; vgl. ferner das Sonett auf Starckens Hochzeit a pag. 99, b pag. 118. Vieles wird geftrichen, in Zlatna, wie es fcheint, aus Gefühl für poetifche Rundung: gelehrte Abfchweifungen werden unterdrückt; anderwärts werden die Gründe der Streichung einzelner Stellen nicht fichtbar oder es find diefelben, die auch gänzliche Auslaffung eines Gedichts veranlaßt haben. Sehr vieles wird am Versbau geändert, vieles auch an Stil und Wortwahl; die Worte von der leidigen Betonung x́x̀x werden gereckt, gefchoben, gepreßt; neue Epitheta werden erfunden oder die alten angemeffen permutiert; dagegen müffen mancherlei eigenartige Ausdrücke, die zuweilen eine harte Schönheit haben, langweiligeren, pretiöferen Platz machen. Aber es zeigt fich doch bei wachfender Sprachgewandtheit ein Bewußter-, Deutlicher- und Schärferwerden des Ausdrucks (vgl. a 44 b 113, a 63 b 119), überall eine fehr forgfältige Feile, oft an Orten, wo das moderne Sprachbewußtfein keine Urfachen irgendwelcher Änderungen und gerade diefer Änderungen zu erkennen vermag; vielleicht fchon deshalb, weil Opitzens Sprachgefühl guten Teils von feften theoretifchen Regeln abhängig gewefen ift.

Ich will nur die Laute und Flexionen von a und b und befonders die vorgenommenen Änderungen behandeln. Es foll auch über die für Opitzens Charakterifierung befonders wichtige

---

*) Nach Beckherrn „M. Opitz, P. Ronfard und D. Heinfius", Diff. Regim. 88 pag. 85 ff. follte es nur ein Sonett und zwei andre Gedichte fein.

Betonung gefprochen werden. Über die fprachliche Bedeutung der Änderungen muß ich indes noch einiges fagen, das die vorigen Ausführungen ergänzen foll, aber auch feinerfeits von ihnen ergänzt werden muß.

Daß fich — abgefehen von dem lokalen Abftande der Straßburger Ausgabe a und der Breslauer b — die Sprache in einem Jahre wahrnehmbar geändert habe, ift nicht möglich. b. ab und die Änderungen von a zu b geben alfo ein Bild der Opitzifchen Kunftfprache und ihrer Entwicklung: a und b find zwei Punkte, durch die fich eine Linie ziehen läßt. In diefem Falle ein Bild der Entwicklung zum Mufterhaften und des in der Poeterey kodifizierten, der Sprachgefellfchaft für würdig erachteten Mufterhaften felbft. Zugleich wird fichtbar, was in a fremdartig ift, ftraßburgifch oder Zincgrefifch. Es ergiebt fich, was fpeziell die Lautlehre betrifft, aus verfchiedener graphifcher Darftellung derfelben Laute vieles für das Verhältnis zwifchen Laut und Schrift, und aus den Änderungen für die herrfchenden Tendenzen. Die lautlichen Refultate, die aus den Reimen gewonnen werden, erhalten und geben Sicherung, Beftätigung, Qualificierung. Sie kommen in die Mitte zu ftehen zwifchen den Ergebniffen, die aus der Schrift, und denen, die aus den Lauten, aus phonetifchen Aufzeichnungen gefchöpft find; auch hier im Verhältnis gegenfeitiger Kontrolle. Denn es giebt phonetifche Aufzeichnungen; der werdenden Schriftfprache und des fchlefifchen Dialekts, zeitgenöffifche und moderne (Buchner, Titz, Scherffer, Rückert, Weinhold, Drechsler u. a.). Und aus dem allen wird erkennbar die Stellung Opitzens zu diefem Dialekt, zu diefer Schriftfprache und zur Darftellung feiner Kunftfprache durch den Druck. Es foll fich zeigen, wie Opitz feinen fchlefifchen Dialekt in graphifche Formen zwängt, fo, daß für ein Auge von heute arge Mißverhältniffe zwifchen Laut und Schrift entftehen: wie Fremdes, fchon Schriftfprachliches anerkannt, manches dialektifch Schlefifche wieder befeitigt, andres ſchriftſprachlich wird und erhalten bleibt bis auf unſre Zeit. Es wird damit ähnlich ſein, wie mit den ſchwäbiſchen Formen, die noch Schiller und der junge Hölderlin, den fränkiſchen, die Goethe in die Dichtſprache einführten. Aber Opitzens Arbeit war keine ſporadiſche, zufällige, ſie war weit umfaſſender und konſequenter. Platen beklagt ſich einmal in ſeinen Bemerkungen ‚Ueber verſchiedene Gegenſtände der Dichtkunſt und Sprache‘ (Stuttgart, 1839 pag. 363), daß die ſchleſiſche Lautgebung in gewiſſen Reimen ſo lange gegolten habe. Er denkt dabei an Opitz.

Denn b iſt wirklich Muſterbuch geworden. Man kann, von einer ſo begrenzten Betrachtung, wie die gegenwärtige, ausgehend, die Stellung eines litterariſchen Werkes im Gange der Jahrhunderte nicht leicht würdigen. Aber wenn man einen Blick thut in Lindners alte Opitzbiographie, ſo ſieht man mit Furcht und Staunen eine ſchier endloſe Reihe von Enkomien auf den, wie es ſcheint, doch ſchon einmal halb verſchollen geweſenen Dichter, die ihm noch nach der Mitte des folgenden Jahrhunderts die überſchwänglichſte Ehrfurcht bezeugen. Burdach wird bald umfaſſender und genauer belehren; ich denke mir zunächſt, daß Opitz nach Luther wieder eine Stufe zur Einigung der Sprache bedeute. Seine Sprache iſt über Luther weitergebildet; worin, wird ſich wenigſtens für ein abgegrenztes Gebiet zeigen. Sie iſt die Sprache einer neuen Art von Poeſie. Sie fügt der gemeinſamen Sprache außer dieſem litterariſchen, auch ein neues räumliches Gebiet, Schleſien, enger hinzu, wie auch der katholiſche Südoſten und die Schweiz erſt beſonders gewonnen werden mußten.

Beide Ausgaben ſind wenig rühmlich ausgeſtattet. Einrichtung und Paginierung ſind in b unpraktiſch und ſorglos. Druckfehler giebt es gar zu viel, und ſie ſind keineswegs alle verzeichnet: ‚—ſind alſo etzliche Fehler blieben, von denen wir nur die wichtigen ſetzen wollen: die vbrigen, als vnter andern, daß *offtmals aus einer Syllaben zwey, vnd aus zweyen eine gefetzt worden, Zum Exempel, ruhe für ruh, gehet für geht, tregt für treget, vnd dergleichen werdet jhr vnbefchwert felber in acht nemen.‘* Ich führe das Richtige, das fich beinah immer ohne weiters ergiebt, ftillfchweigend ein. Die Orthographie ift in manchen Punkten höchft unficher, ganz ficher faft nirgend, fodaß fich zuweilen glatte Refultate für das fprachliche Gebiet kaum finden laffen. Auch die Unficherheit darüber, was in der Schreibung von b auf Opitz, was auf den Breslauer Setzer und Corrector zurückgehe, muß in den Kauf genommen werden, wo nicht Vers und Reim entscheiden. Ich brauche bei den Citaten eine Art Durchfchnittsorthographie, die fich etwa ergiebt, wenn man fich die Entwicklung von a zu b fortgefetzt denkt. Das, worauf es im einzelnen Falle fpeciell ankommt, ift genau nach der Quelle wiedergegeben.

Stellen, die nicht von a zu b geändert find oder um einer innerhalb des augenblicklichen Betrachtungskreifes liegenden Änderung willen verglichen werden follen, find durch die beiden Seitenzahlen bezeichnet, und zwar bedeutet die erfte Zahl die Seite in a, die zweite die in b.

a/ + Seitenzahl bedeutet, daß die angezogene Stelle nur in a fteht.

a + Seitenzahl bedeutet, daß die angezogene Stelle zwar auch in b fteht, aber fo geändert ift, daß fie im gegebenen Falle nicht verglichen werden kann.

Entfprechendes gilt für b/ und b.

Die Beifpiele aus a b und b habe ich nur foweit es von Bedeutung fchien vollzählig zu geben gefucht, befonders bei feltneren fprachlichen Erfcheinungen; in der Regel find es ausgewählte Belege; doch find die Reime und Änderungen durchaus verwertet. Die Beifpiele aus a find vollftändig nur, wo es eigens gefagt ift oder fich aus dem Zufammenhang ergiebt. Nach ähnlichen Gefichtspunkten habe ich Zahlencitate angewandt, wo es der

Mühe wert fchien. Einzelne Zahlencitate zwifchen Beifpielreihen ohne folche weifen auf Vereinzelung des Falles hin und find, wenn nicht anders angegeben, vollftändig.

‚mhd‘ bedeutet — etwa wie die termini ‚idg. wgerm.‘ — nur die grammatifche Konftruktion einer den verfchiedenen Äußerungen und Darftellungen der deutfchen Sprache zu Opitzens Zeit — Dialekt, Schriftfprache, Druckfprache cet. — gemeinfam vorausgefetzten Vorftufe. Dagegen ‚md.‘ die Vulgata der zu O.'s Zeit üblichen md. Druckfprache: ‚nhd.‘ die moderne Schriftfprache. × bezeichnet eine Wiederholung, v. Vokal, c. Konfonant, vs. Versfchluß,: Reim. Die übrigen Abkürzungen find an fich verftändlich.

Abgekürzt citiert find folgende Bücher:

Arndt, Der Übergang vom Mittelhochdeutfchen zum Neuhochdeutfchen in der Sprache der Breslauer Kanzlei, (Vogts Germaniftische Abhandlungen, Heft XV,) Breslau 1898.
v. Bahder, Grundlagen des neuhochdeutfchen Lautfyftems, Straßburg 1890.
Bödiker-Wippel, Grundfätze der teutfchen Sprache, Berlin 1746.
Drechsler, Wencel Scherffer und die Sprache der Schlefier, (Vogts Germaniftifche Abhandlungen, Heft XI,) Breslau 1895.
F. Frangk, Orthographia, Wittemberg 1531.
Gottfched, Vollftändigere und neuerläuterte deutfche Sprachkunft, Leipzig 1776.
Hoffmann von Fallersleben, Martin Opitz von Boberfeld, Leipzig 1858.
J. Müller, Quellenfchriften und Gefchichte des deutfch-fprachlichen Unterrichts bis zur Mitte des XVI. Jahrhunderts, Gotha 1882.
Palm, Beiträge zur Gefchichte der deutfchen Litteratur des XVI. und XVII. Jahrhunderts, Breslau 1877.
PBB: Paul und Braune, Beiträge zur Gefchichte der deutfchen Sprache und Litteratur, Halle 1874 ff.
Rückert, Entwurf einer fyftematifchen Darftellung der fchlefifchen Mundart im Mittelalter, Paderborn 1878.
Weinhold, Über deutfche Dialektforfchung. Die Laut- und Wortbildung und die Formen der fchlefifchen Mundart, Wien 1853.
Wilmanns, Die Orthographie in den Schulen Deutfchlands, Berlin 1887.
Witkowski, Martin Opitzens Aristarchus sive de contemptu linguae Teutonicae und Buch von der deutfchen Poeterey, Leipzig 1888.

Konsonanten.

Dentale.

§ 1. Mhd. *d* **und** *t* > **ab** *d-t* > **nhd.** *d-t* **im Anlaut.**

1. Mhd. *d* > ab *d-t* > nhd. *d-t*.

Tach > *Dach* 64 120, *Dach* 38 81; *Verterb, verterben* 146 47, 147 47, b/105, *verderben* 149 49, 238 16, a/37, b/C 31; *truben* 38 82; *tringen* > *dringen* 90 183, *dringen* 135 J 31, 159 63; *trücken, trukken* > *drücken, drucken* 9 239, 3 133, 32 108, *drücken, drucken* 40 84, a/48, a/119, b/E 32, b/100×.

2. Mhd. *t* > ab *d-t* > nhd. *d-t*.

Tawren 34 95; *temmen* 157 60; *Tolch* b/b 22;

Gedichte, dichten > *Getichte, tichten* 6 151, 35 146, 88 166, 98 96, *d*: a/42, a/70, *t*: 39 83, b/105, b/169; *Dinte* > *Tinte* 58 147, *Dinte* a/70, *Tinte* b/74; *toppel* 138 J 42, *duppelt* b/92, b/166; *dunckel, Dunckelheit* > *tunckel, Tunckelheit* 24 228, 56 213, 82 163, 92 185, *tunckel* 82 163, b 210;

Teutſch, Teutſchland > *deutſch, Deutſchland* 1 131×, 2 132×, 44 113, *teutſch* a/A 11×, a/42, a/104, *deutſch* b/L 11, b/66, b/67, b/171, (cfr. *deutlich* b L 12); *Thonaw* b/66, *Tonaw* b/224, *Tonaw* > *Donaw* 60 208;

Dolmätſcher b/26; *Druche* b/C 41. Vgl. die Anmerkung unter § 3,4.

Die Liſte zeigt, daß innerhalb jeder einzelnen Ausgabe die Schreibungen ſehr konſequent durchgeführt ſind und daß faſt nur zwiſchen a und b Abweichungen vorkommen. Da aber b weit ſichrer Opitziſch, als das in a von b Abweichende nichtopitzifch ift, fo muß von b aus gefchloffen werden. Und eben die Konfequenz beftätigt, was durch den heutigen fchlefifchen Dialekt bewiefen wird, daß Opitz im Anlaute dentale ftimmhafte Lenis und ftimmlofe Fortis fchied (cfr. Weinhold pag. 75). Alfo find die Abweichungen in a nichtopitzifch. Sie find oberdeutfch. Und zwar führt v. Bahder (pag. 267 ff.) als ausfchließlich oberdeutfch an: *Tach, teutfch, tringen*. Bei *dichten, Dinte, dunckel* findet fich im Md. nur *t*, im Obd. *t* neben *d*. Alfo ift *d* hier oberdeutfch. Die Formen *tawren, temmen, Tolch, Dolmätfch, Donau, duppelt, Drache* find auch md.; *rerderben* ift im Md. vor *verterben* im Schwinden. Abweichend von Md. wären in b alfo nur: *Thonaw, Tonaw* b/66, b'224, oberdeutfche Form, niedergefchrieben im März 1625 in Wien (cfr. Palm, pag. 193 ff.); *traben* und *toppel* (neben *duppelt*). Diefe beiden *t* müßten fchlefifch fein. Das beftätigt für *toppel* Weinhold pag. 75. Über *th* vgl. § 26,2.

In *Notturfft* 100 237 ift Affimilation anzunehmen.

Mhd. *d, t* = ab *d, t* = nhd. *d, t* behandle ich nicht.

§ 2. Mhd. *d-t* > ab *d-t-dt* > nhd. *d-t-dt* im Inlaut.

1. Mhd. *d* > ab *d-t* > nhd. *t*.

hinder a/97, 231 8, b/C 11, *hinder* > *hinter* 3 134 u. ö; *vnder* a/A 11, a/60, a/70, a/72, *vnter* a/43, 136 J 32, 38 81, *vnder* > *vnter* 3 134 und regelmäßig: *werden* a/A 11, *werthen* 82 163, *werden* > *werthen* 21 140, 75 207 und regelmäßig; *vierde* a/78, *zehende* b/a 22, b/b 12, b/G 12; die fchwachen Praeterita haben *t*, nach Liquiden auch *dt*, ausnahmsweife dann auch *d*: *kunde* b/E 41. Vgl. § 3.

2. Mhd. *t* > ab *d-t* > nhd. *d-t*.

Mulde b/66;

milte a/231, a 83, 158 61, *milde* 230 7, b/a 21; *gedultiglich* a/42, *dulden* 6 206; *auffmuntern* b/L 12, *auffmundern* a/118; *Gelde* b, 101.

Im Schlefifchen hat Liquida auf folgenden Dental erweichenden Einfluß (Weinhold pagg. 65-67). So erklären fich die Formen *hinder, vierde, zehende, kunde, milde, dulden, Gelde* in b. Dem Obd. und Md. gemeinfam find: *auffmuntern, geduldig, milte*, vielleicht auch *Multe*; Opitzifch, weder fchlefifch, noch md., noch obd. sind: *hinter, vnter, werthen*. b weicht alfo vom Md. in zwei Richtungen ab: zum dialektifch Schlefifchen und zum Nhd. Diefe letzte weiß ich nicht anders zu erklären, als aus bewußter oder unbewußter Oppofition gegen den Dialekt. — Übrigens beginnt nach v. Bahder die Form *vnter* fchon um 1540 in die Nürnberger Druckerfprache einzudringen. — Die Reime ergeben für diefe Gruppe nichts. — Vgl. die Anmerkung unter § 3,4. *Athem* 23 142 (nicht *Odem*).

3. Mhd. *t* > ab *dt* > nhd. *t-dt*.

Brodten 124 G 41; *Stätten > Städten* ‚urbibus‘ 38 82, 84 194, in der Regel *dt*; *tödten* z. B. 26 229 u. regelm.; *vierdte* b/a 22, b/F 12.

Diefe Lifte erhält Erweiterung und Erklärung durch Unterfuchen des Auslauts.

§ 3. Die Dentale im Auslaut; *dt*.

1. Für den Anlaut darf man ohne weiteres annehmen, daß *d* den ftimmhaften, *t* den ftimmlofen Laut bezeichne; denn der Dialekt fcheidet noch fo, und die Überlieferung ift nicht unterbrochen. Im Inlaute tritt aber ein Zeichen, *dt*, hinzu. Und vollends am Wortende fcheinen die Verhältniffe zwifchen Laut und Zeichen fehr verfchiedenartig. Es kreuzen fich mannigfaltige Einflüffe, und auf den erften Blick ift nur eine unglaubliche Konfufion bemerkbar.*)

Das Zeichen *dt* ift offenbar aus Synkopierung von *-det* entftanden. So ift auch die Auffaffung älterer Grammatiker,

---

*) Von *th* ift an andrer Stelle zu reden: *h* bedeutet für den Dental nichts.

Schottels und Bödikers. Und diese Herkunft des Zeichens ist noch daran kenntlich, daß es fast nur auf den Auslaut beschränkt ist. Auch von den Fällen des inlautenden *dt* (cfr. § 2,3) soll wenigstens *todt* eine Participialbildung sein (so Bödiker-Wippel pag. 50, Gottsched pag. 58), in *Städten* ‚urbibus‘ steht *dt* zur Unterscheidung von *Stätten* ‚locis‘ (cfr. Gottsched pag. 58). Zuweilen wird auch *dt* durch Anhängen von Flexionen in den Inlaut übertragen. *dt* im echten Inlaute bedeutet nach Ausweis der Reime *(Städten: treten, tödten: Nöthen)* stimmlosen Dental. *Brodten* schließe ich an. In *vierdte* hat sich der Wert des Zeichens nach Analogie des Auslauts geändert (Dental nach Liquida!) Cfr. § 2,3.

Die Bedeutung des auslautenden *dt* bestimmt sich sogleich durch seine Verbreitung: es steht nur nach (bei Opitz) langen Vokalen und Liquidaverbindungen, also da, wo das schlesische Auslautgesetz gilt ‚Dental nach langem Vokal oder Liquidaverbindung wird stimmhaft‘ (cfr. Weinhold pag. 77): *dt* bezeichnet, abgesehen von den oben angeführten Stellen, stimmhaften Laut.

2. Wenn nun dieses speziell schlesische Gesetz das direkt entgegengesetzt wirkende gemeindeutsche Auslautgesetz — stimmhafter Dental des Inlants wird im Auslaut stimmlos — so überwiegt, dann ist von vornherein anzunehmen, daß das zweite schlesische Gesetz, ‚stimmhafter Dental des Inlauts bleibt im Auslaut erhalten‘ (Weinhold pag. 69) für b gilt. Beweisend ist, daß *d* und *dt* sich im Auslaute vertreten können. Auslautendes *d* ist also auch stimmhaft.

Belege: *entzündt* > *entzünd* 126 H 12, *gesand* 125 H 11, *gewand* b/E 22; *vberwand* b/78, *erkandt* 125 H 11, *niemandt* 125 H 11, *gebrandt* 2274, *Verwandschafft* b/F 42, *zutrant*: *Hand* > *Handt* 2284; *Schwerdt* > *Schwerd* 159 61.

3. Eine dritte Tendenz bei Gestaltung des Auslauts ist die der orthographischen Uniformierung von In- und Auslaut. Sie wird erst deutlich, wenn man b nicht mit a, sondern mit einer

der fchlefifchen Erftausgaben der Einzelftücke vergleicht. Dann laffen fich die oberdeutfchen Einflüffe leicht abziehen: Opitz ändert auf den erften drei Seiten des ‚Lobgefangs Chrifti' b) dreizehn mal gegen die Ed. princeps des Jahres 1621, indem er den Dental des Inlauts auch in den Auslaut ftellt, niemals gefchieht eine Änderung nach den alten Auslautgefetzen. Diefe dritte Tendenz muß natürlich die Wirkungen der beiden andern verdunkeln, aber alle drei wirken zusammen, das auslautende *t* zu ifolieren und fo feine Bedeutung feftzuftellen. Jetzt wird es erft möglich, aus einem Dental des Auslauts auf den inlautenden zu fchließen: auslautendes *t* entfpricht inlautendem *t*.

Dann erhält die Lifte in § 2,2 folgende Ergänzungen: *Gedult* (a/51, a/74) b/D 12, b/90, b/227; *Gelt* (a/95), 1 136 (*t* aus a verfchleppt?), *Gelt* > *Geld* 7 151, 35 146.

Wo *t* und *d* neben einander ftehn, könnte *t* fpeciell Opitzifch fein (vgl. *hinder hinter* § 2,2): *Nort* (a/72), 44 113, b/180, b/244, *Nort* > *Nord* 34 95, 132 J 11, (*Nordens* b/170); *taufent* (a/33, a/78,) b/225, *taufend* b/D 11; *taufendt* b/D 11. Es ift sehr denkbar, daß Opitz feine Sprache nicht immer mit gleich ftarkem Bewußtfein vom Dialekte fchied, und daß das Abftreben vom Dialekte felbft hyperfchriftfprachliche Formen hervorbringen konnte.

Es läßt fich natürlich nicht von *dt* oder *d* des Auslauts auf *d* oder *t* des Inlauts fchließen, etwa aus *Herd* b/78, *Schilt* > *Schild* 104 238, *Schild* b/75 auf *Hertes*, *Herdes*, *Schiltes* oder *Schildes*.

In a gilt das gemeine Auslautgefetz: *balt*, *Bilt*, *Gult*, *Helt*, *Hult*, *Jugent*, *Schult*, *Tugent*.

4. Gewiß gelten die Auslautgefetze weiter, als die Schreibung erkennen läßt. Z. B. wird von *t* nach langem Vokale im Auslaut auf ftimmlofen Konfonanten des Inlauts zu fchließen fein, felbft ift es wahrfcheinlich ftimmhaft: die hiftorifche Orthographie ift keineswegs überall den Lautgefetzen unterlegen; cfr. § 3,3. Das beftätigen die Reime. Denn die Reime fcheiden allerdings,

wie lich zeigen wird, ftimmlofen und ftimmhaften Dentalauslaut: *dt, d* find ftimmhaft, *t* ift nach langem Vokale oder Liquida ftimmhaft, fonft ftimmlos. — Die folgenden Beifpiele haben zugleich als Belege für die Schreibungen zu dienen.

a) Auslautender Dental nach (bei Opitz) langem Vokal:

fiht : Liedt b/B 12; *Kleid : Leid : -keit : erfreut* b/97; *fpat : Grad* 27 145; *Kleidt : breit* 6 150; *Pfadt : hat* b/191; *Neidt > Neid : Zeit* 16 195; *erfreut : bereit* b/B 32, *fpat : hat* b/202, *reitt : Zeit* 125 H 11, *verfpott : Gott* 134 J 22.

b) Auslautender Dental nach Liquida:

Sand : Verbundt 123 G 32; *niemandt : erkandt* 125 H 11; *Hirt : wird* 126 H 12; *bundt : Hundt* 127 H 22; *zutrant : Hand > Handt* 228 4; *find : findt* 229 5; *gilt : Bild* b/104; *Bild > Bildt : erfüllt* 1 131; *Wald : kalt* b/106; *bekandt : Landt* 1 131; *verwundt : gefundt* 21 139; *Wind : beginnt : findt* b/204; *bald > baldt : geftalt* 15 241.

verwirrt : geirrt 131 J 11, *ftellt : Gelt > Geldt* 11 36 (doch vgl. unter 3), *Nort : Port* b/180, *fürgeftalt : kalt* 26 229.

c) Auslautender Dental nach kurzem Vokal oder nicht liquidem Konfonanten:

Magdt : behagt b/B 41, *Magd : behagt* b/B 42; *Pallaft : Gaft* 125 H 11; *Haupt : geraubt* 126 H 12; *erzeuget : gefenget* 134 J 22 cet.; *veracht : lacht : Macht : bedacht* 6 206; *Safft : Krafft : gefchafft : behafft* 24 209; *leufft : teufft* b/243.

Man fieht, die Gruppe c) fondert fich ab; hier gilt nur das Zeichen *t*. Die Ausnahme *Magdt, Magd* ift durch Affimilierung des Dentals an den ftimmhaften Guttural zu erklären, der in gewiffen fchlefifchen Gebieten hier die Bedeutung der Liquida *r* haben foll (cfr. Weinhold pag. 67).

Aber ich möchte nicht zu viel Wert auf diefe Reimergebniffe legen. Im einzelnen find die Wirkungsgrenzen der fchlefifchen Auslautgefetze gegen die der hiftorifchen Schreibung nicht feftzulegen. Überdies ift ungewiß, wie weit die Reime konfonantifch rein fein follen. Es wäre möglich, daß Opitz eine mehr als zweifache Abftufung des Dentalauslauts kannte, daß fich etwa das ftimmhafte auslautende *t* von *d* und *dt* unterfchied, oder daß *dt* einen befondern Lautwert hatte. Opitz wird hier wie fonft vom Dialekte abgewichen fein, wie, unterfuche ich nicht weiter.

Anmerkung. Der Stand der Dentale in den beiden Profa- ftücken von a, der Vorrede an den Lefer a/A 11—a/A 22 und der Vorrede zum ‚Lobgefange Jefu Chrifti' a/118—120 ift verfchieden: das erfte Stück hat etwa den Lautftand von a, das zweite den von b. Vgl.: *Teutfch* a/A 11×, *deutfch* a/118××, a/119, a/120; *Gedichte* a/A 12, *Getichte* a/118, *Gedichte* a/119 x; *vnder* a/A 11, a/A 12, a/A 21, *vnter* a/119, a/120; *werdes* a/A 11; *auffmundert* a/118; *Druck* a/119.

§ 4. Schwund von Dentalen. (Abweichend vom Nhd.)

letzlich > *letztlich* 15 557; *Schachs* > *Schachts* 232 9; *Marck* 104 238, *Marckt* 148 49, b/a 42;

Ähnliche Erfcheinungen des fchlefifchen Dialekts bei Weinhold pag. 78.

§ 5. Verhalten zu unorganifchen Dentalen. (Abw. vom Nhd.)

1. Zur Epithefe:

(*bärthicht* b/78;) *duppelt* b/92, b/166, *toppel* 138 J 42; *eines* b/a 31, *dermaleins* 31 108; (*hartneckicht* 127 H 21); *jetz* a 103, fonft mit *t*; *Kandt* > *Kann* 14 39, *Kannen* 150 51; (*Kefich* > *Keficht* 38 81, *Keficht* 225 1;) *Mon* > *Mond* 231 7, fonft *d*; *Obs* > *Obft* 11 36×, *Obft* b/D 41, 236 13; (*fchatticht* 12 37); *Wachte* > *Wache* 53 157. Ich habe in Klammern Bildungen auf -icht aufgenommen; damit foll nur angedeutet werden, daß fie wenigftens teilweife durch Suffixvermifchung erklärt werden können (cfr. auch Weinhold pag. 77).

2. Zur Enthese:

Derofelbten b/b 31, b/74, *derfelbte* b/98, *diefelbte* b/a 31 (*felbft* b. B 42 cet., *felbfelbften* b/80); *minfte* b/74, b/200 und regelmäßig, *minder* b/B 11 cet.; *morgendts > morgends* 129 H 32, *morgends* 152 54; (*Leuffte* b/32, *weitleuffig* a/A 21, *weitleafftig* b/G 21, b/20); *wünfchen* a/A 22, *wünfchen > wündfchen* 5 136x, *wündfchen > wündtfchen* 38 82, *wündfchen* b/34, *wündtfchen* b/79, *wüntfchen* b/110 (*d* und *t* wechfeln unterfchiedlos; in a meift keine Enthese; cfr. Weinhold pag. 82: fchlefifch *š* nach *l n > ts*); *vollkommentlich > vollkommentlich* 66 144; cfr. *eigentlich* b/L 11, *derenthalben* b 147, *allenthalben* b/88 cet. = nhd.

§ 6. Affimilationen.

Notturfft 100 237, cfr. § 1, 2.

Das Pronomen *du* wird fehr häufig enklitifch und das *d* affimiliert fich dem *t* der Verbalendung: *haftu* b/E 21, *hetteftu* b/E 21 cet., sogar: *Fürchftu* a/48 (cf. § 66,3). b befeitigt hie und da diese Affimilationen, z. B.: *Schemftu > Schämbft du* 24 228.

§ 7. Affrikata.

Die dentale Affrikata wird im Anlaute durch *z*, fonft durch *tz* gegeben; *t + tz* giebt *tz*: *Hertz* 58 148, *Hertzen* 59 148, *entzündt* a/148 cet. In Fremdworten findet fich zuweilen *c* ftatt *z, tz*: *Cither* 158 61, *Circkel* 31 108, *Porcellan* b/100, *Princeffin* 20 139 (auch *t: Gratien* 87 235). — Vom nhd. abweichender Gebrauch:

Deutzfche b/76, fonft *deutfche*; *etzlich* b/92, *etlich* a/A 11, b/31; *Lignitfch* b/91, b/189; *fcheutzlich* b/66, b/93; *feltzam* 150 51, b/169 cet.

Von einer Änderung von *z* hinter *l*, *m*, *n* zu *ß*, wie fie Weinhold für den Dialekt ftatuiert (pag. 79), findet fich nichts.

Vgl. *Finantz* 10 35, *gantz* 150 51, *Glantz* 141 K 21, *Lentz* b/123, *Provintz* b/D 32 cet.

Über *jetzt, letzlich* cfr. §§ 4 und 5,1.

§ 8. s-Laute; sch.

1. Im Anlaut findet lich nur das eine Zeichen ſ. Über feinen Werth läßt lich alfo direkt nichts ermitteln. Nach dem Dialekte und den Verhältniffen des Inlauts (Weinhold pag. 80, Rückert pag. 153) läßt lich vermuten, daß es ftimmhaft fei. Es wäre aber Verfchärfung wie in gewiffen Fällen des Inlauts nicht ausgefchloffen.

2. Anlautendes ſ in Konfonantenverbindungen ift im felben Umfange wie im Nhd. zu *s* geworden: F. Frangk pag. 104. Abweichend ift *s* gefchrieben in *Stange* b/E 22, vgl. *Schlange* b B 32 und in der Erklärung der Stelle: *Stange* b/C 32. *sl* ift hiftorifche Schreibung oder durch ablichtliches Abweichen vom Dialektifchen entftanden: der Dialekt hat an anderen Wortftellen viele *fch*, die fchriftfprachlichen *s* entfprechen. Vgl. *Schlange* a 120, 138 K 11; *Sclave* b/167, *Sclave* > *Schlave* 145 45.

3. Im Inlaut zwifchen Vokalen werden die Zeichen ſ und ſſ angewandt, offenbar jenes für den ftimmhaften, diefes für den ftimmlofen Laut. Wenn dem fo ift, weicht Opitz in folgenden Worten von der nhd. Lautgebung ab:

mhd. *s. Eiſſe* 131 J 11; (*Hauſe* 6 206), *Häuſichen* > *Häuſſigen* 4 134 (vielleicht gehört diefer Fall nicht hierher; es könnte *ig ch* fein);

Blaßebälge > *Blaſebälge* 94 236; *Speiſſen* > *Speiſen* 94 235, *Speiſe: weiſe* 33 94; *Graße* a/29, *Grafe* 90 183;

mhd. *z. euſſerſt* 17 215, 123 G 41, *euſerſtem* 150 51.

erweißen: Eyſen a/97, *s*-Laut ftimmhaft oder ftimmlos? — cfr. unter 4, 5, 6.

In den Fällen der Verschärfung geht also ſſ auf mhd. s. zurück, in dem einen Falle der Erweichung entspricht das ſ einem mhd. z. Ähnliche Resultate bei Arndt pag. 71 für die Breslauer Kanzlei: cfr. Drechsler pag. 35, Weinhold pag. 81.

Die ſſ des Inlauts bedeuten möglicherweise z. T. š. Vgl. Verwechslungen wie: *heißen > heißchen* b/227, *Versheischungen* b/G 12x und den schlesischen Übergang *s > š* im Inlaut nach *r* (cfr. Weinhold pag. 80).

4. Im Inlaut neben Konsonanten tritt für ſſ einfaches ſ oder ß, für ſ meist ſ, selten ß ein. Was bedeuten die Zeichen? — Es giebt eine Spur des dialektischen Übergangs (Weinhold pag. 80) von *s* nach *r* zu *sch*: *Persen: herrschen* b/K 21. Hier bedeutet ſ also š. Denn ohne dialektische Grundlage würde der Reim für Opitz zu unrein sein. Es läßt sich aber wahrscheinlich machen, daß auch ß š bedeuten könne: Arndt pag. 72 giebt zahlreiche Beispiele aus der Breslauer Kanzlei des 16. Jahrhunderts, in denen ß neuhochdeutschem š entspricht: *zußpruch, ßweſtern, ßmidt, ßneider* cet. Dann könnte ß in *Ackerßmann > Ackersmann* 138 J 42 š bedeuten. (Sonst wird der *s*-Laut der Flexionen durchaus mit *s* bezeichnet.) In dieser Beziehung sind also ß und ſ gleichwertig. Aber die Grenzen der Palatalisierung des *s*-Lautes bei Opitz sind nicht zu ermessen; kaum daß sich einzelne Spuren erkennen lassen.

In stimmloser Nachbarschaft wechseln ß und ſ ohne Rücksicht auf die Herkunft, doch so, daß vor *t* das ſ die Oberhand zu behalten scheint: *bläßt > bläſt* 7 151; *wächßt > wechſt* 87 160; *Laßt > Laſt* ‚onus‘ 135 J 31; *gereißt* 23 142; *müſten* 5 135; — *geußt > geuſt* 4 134; *ißt > iſt* ‚edit‘ 13 38 cet. (cfr. 3.) Die Schreibungen zeigen, und die Reime bestätigen es, daß hier ſſ, ß und ſ (< mhd. *ss, zz, s*) in einen (stimmlosen) Laut zusammengefallen sind.

5. Im unechten Auslaut wird ſſ des Inlauts durch ſſ' und ß', ſ durch ſ' wiedergegeben. In a fehlt der Apostroph oft.

Damit erhält die Liſte unter 3. folgende Ergänzungen:
Roß > *Roſ* 129 H 32. *Roß* a/62 (*Roſe* 31 107); *Eiß* b/B 12;
Spriß > *Speiſ* 4 134, 24 209; *vnweiß* > *vnweiſ* 5 135.

6. Im echten Auslaut werden *ß* und *s* angewandt. a) Zunächſt haben beide Zeichen die orthographiſche Bedeutung, daß ſie einem ſſ (*ß*) und ſ des Inlauts entſprechen, cfr. *1,2*. b) In lautlicher Beziehung ſcheinen beide Zeichen mehrdeutig zu ſein, ſodaß ſich ihre Gebiete nicht begrenzen laſſen.

ß, als Vertreter des *ſſ*, bezeichnet naturgemäß ſtimmloſen Laut, aber es tritt auch für ſ des Inlauts ein, ſoweit die Auslautverhärtung gilt, cfr. *3,4*.

s hat vermutlich teilweiſe die Bedeutung eines ſtimmhaften Lautes, cfr. *5*. Der ſchleſiſche Dialekt kennt ſolches auslautende ſtimmhafte *s* (Weinhold pag. 80: *mus* = muß, *doas* = daß). Kannte Opitz eine ſolche Scheidung, ſo wird er *s* für den ſtimmhaften, *ß* für den ſtimmloſen Laut angewendet haben. Vgl.: *alß* > *als* 104 238 (gewöhnlich *s*), *auß* > *aus* (in a gewöhnlich *ß*, in b *s*) 2 132, *groß* > *gros* 145 45, *hieß* > *hies* 157 59, *laß* > *las* mitte 152 54, *muß* > *mus* 13 38, *weiß* > *weis* 4 134, 6 151, 13 38; *Schweis* b E 32, b/89 neben *Schweiß* b 93. Was die Annahme eines auslautenden ſtimmhaften *s* hierbei ſo verlockend macht, iſt, abgeſehen von der Übereinſtimmung mit dem heutigen Dialekte*), die deutliche Parallele zu den übrigen Dentalen: der Auslaut nach Liquida oder langem Vokal iſt ſtimmhaft. Aber anderſeits bedeutet *s* unzweifelhaft ſtimmloſen Laut überall, wo es nicht durch den Gegenſatz zu *ß* eigne Bedeutung behalten kann: *s* wird in den Flexionen gebraucht (= mhd. *z*, *s*), von wo es dann auf flexionsähnliche Ausgänge übergreift: *nichts*, *es*, *wes* cet. Ferner muß *s* ſtimmloſen Laut bezeichnen, wo es einem ſ des Inlauts entſpricht, die ſchleſiſchen Auslautgeſetze aber nicht gelten, cfr. *6*.

---

*) Ich will nicht verhehlen, daſs Wredes Berichte über den Sprachatlas s. v. *was*, *groß*, *aus* über eine ſtimmhafte Ausſprache des *s*, *ß* im Schleſiſchen nichts berichten.

(Daraus ergiebt fich wiederum die Ergänzung: ß bezeichnet unter Umftänden ftimmhaften Laut: wo es inlautendem ſſ, ß entfpricht und die erwähnte fchlefifche Auslautneigung gilt, cfr. 7.)

Die Beifpiele beweifen unter folchen Verhältniffen alles und nichts; nur aus den Änderungen ift mit einiger Sicherheit auf die Tendenzen zu fchließen. Ich gehe nach der Reihenfolge, in der fich die Normen ergeben haben.

1. Inlautendes ſſ, ß wird im Auslaut ß: *Fus* > *Fuß* 157 59, *fus* > *faß* 155 57, *verlies* > *verließ* 147 48; auch *Eiß* b 87, b/170 (vgl. 3).

2. Inlautendes ſ erfcheint im Auslaut als *s*: *bließ* > *blies* 153 55, *Preiß* > *Preis* 154 56, *Vers* b/198. Die Belege find fehr unficher, denn es ift durchaus wahrfcheinlich, daß die Inlautverfchärfung (cfr. 3) weiter geht, als fie graphifch dargeftellt wird. Cfr. *Kreiß* > *Kreis* 125 H 12 neben *Kreis* b/B 22.

3. ß bezeichnet ftimmlofen Laut: *biß* ,usque‘ b. 107, *deß* a/42, *diß* b/109, *Amadis* > *Amadiß* 47 112.

4. ß fteht für inlautendes ſ: *Glas* > *Glaß* 32 117, *Gras* > *Graß* 27 214, *Aaß* b/b 22, *wieß* 1 131. Die Belege find aus demfelben Grunde unficher, wie unter *2.* Die Änderungen könnten dann auch der Wirkung des orthographifchen Gefetzes zugefchrieben werden.

5. s bezeichnet ftimmhaften Laut. Beifpiele find fchon oben gegeben; vgl. auch die Beifpiele unter *1.*

6. s wird ftimmlos fein in Flexionen etc., außerdem wo es einem s-Laut des Innern entfpricht, der ſ gefchrieben, aber ftimmlos gefprochen wird, foweit nicht auch hier die fchlefifche Auslautneigung gilt: *Hauß* > *Haus* 39 82, *Hauß* 7 152, *Haus* b/D 41; *Gras* > *Graß* 27 214, *Graß* 38 82. Cfr. 4.

7. Kann ß auch ftimmhaften Laut meinen? cfr. die Beifpiele zu *1, 4, 6*; ferner: *wieß* 1 131 neben *hieß* > *hies* 157 59, *Spieß* b/75 neben *Spieß* > *Spies* 151 53, *muß* b/109 neben *muß* > *mus* 13 38. Hierher gehört vielleicht auch die Differenzierung von *das* Art. und *daß* Conj., die beide fchlefifch ftimmhaftes *s* haben können (cfr. Weinhold pag. 80); fie ift keineswegs geglückt, wie nicht zu verwundern ift. Moderne Dialektproben fcheiden allerdings zuweilen *dous, dahs* Art., *doß, daß* Conj., was zu Opitz und der heutigen Orthographie ftimmt.

Es laffen fich alfo verfchiedene lautliche und orthographifche Gefetze erkennen, ohne daß deutlich wäre, wie weit die Wirkung eines jeden reichte. Die Schwankungen und Inkonfequenzen der Schreibung geben ein Bild von der Stellung Opitzens zwifchen Schriftfprache und Dialekt. — Ich laffe mich nicht weiter auf einzelnes ein: je fpezieller die Erfcheinung, defto größer wird hier der Raum für perfönliche Willkür. Seltene Schreibungen (*fs, ſſ* im Auslaut) bleiben unberückfichtigt: fie ändern nichts am Gefamtbilde. (Archaifch fortgefchlepptes $dz = das$ b. C 42, b/167 will ich nur anführen). Ich fchließe auch unter fothanen Umftänden nicht vom Auslaut auf den Inlaut. Es läßt fich nur fo viel fagen: fteht *ß* im Auslaut, fo ift für den Inlaut *ſſ, ß* wahrfcheinlicher als *f*, und umgekehrt für *s*; ferner: *ß, ſſ* find wefentlich Zeichen des ftimmlofen Lautes.

Über filbifches *s* § 22.

Über dentale Geminaten § 26,3.

Labiale.

§ 9. Mhd. *b* und *p* > ab *b-p* > nhd. *p-b* im Anlaut.

1. Mhd. *b* > ab *b* > nhd. *p*.

Bapst b/b 12; *Boßgesellen* 156 58. Beide Formen find mitteldeutfch, vielleicht auch fchlefifch (cfr. Weinhold pag. 72, Drechsler pag. 28): Das Schlefifche verhält fich in Fremdworten anlautender Tenuis gegenüber wie das Mhd. (cfr. v. Bahder pag. 224).

2. Mhd. *b* > ab *b-p* > nhd. *b*.

Blitz 143 43, *Plitz* 81 162, 227 3, b/100, b.243; *braufen* 127 H 21, *braufen* > *praufen* 23 142, *praufen* 132 J 11, b/93, b/170;

Bufch 124 G 41, *Bufch* > *Pufch* 75 207, *Pufch* 23 142, 56 192, b/221 (a/29).

Panckel 234 11; *Purfch* 153 55, 237 15, b/C 11.

Nach Weinhold pag. 71 müſſen dieſe *p*-Formen als ſchleſiſch angeſehen werden. (Weitere Belege bei Drechsler pag. 29.) *Pufch* und *Purfch* ſind allerdings auch mitteldeutſch. Die abweichenden *b*-Formen ſtammen, wie die Belege zeigen, aus a. 3. Mhd. *p* > ab *b* > nhd. *p*.

Blancke (mhd. auch *b*-Formen) 12 38. Das *b* iſt wohl wie bei der erſten Gruppe zu erklären.

entperen b/K 42 zeigt Aſſimilation, wohl auch *Wildpret* 229 5, b/123.

Sonſt ſtimmen ab und Nhd. im Anlaut überein. (cfr. *Pöfel, Poſaune, Pracht, prahlen, prangt, pregen*.)

§ 10. *b, p* im Inlaut; *b* > *v̄*.

Iſt *b* ſtimmlos geworden vor *t*? Und wie weit? *Haupt* 66 144, b/G 21 cet. *Haubt* a/A 12, *Häupt: geraubt* 126 H 12. Dialektiſch: *Het*. *b* > *v̄*: *Pöbel* > *Pöfel* 86 160, *Pöfel* 233 10, b/223. Cfr. Weinhold pag. 72, Drechsler pag. 28. Sicherlich geht dieſe Erweichung weiter, als die Schrift erkennen läßt. Cfr. *Vngeziefer* > *Vngezieffer* 17 149 und § 13,2.

§ 11. *b, p* im Auslaut.

Im echten und unechten Auslaut ſteht durchaus das Zeichen des Inlauts. Es iſt alſo nicht zu erkennen, wie weit die gemeinen und ſchleſiſchen Auslautgeſetze gelten.

§ 12. Affrikata.

Der ſchleſiſche Dialekt hat keine labiale Affrikata (Weinhold pag. 73). Trotzdem finden ſich bei Opitz in a einige, die auch das Mhd. nur ſelten zeigt: *Harpff* > *Harff* 149 50, *Harf* > *Harff* 152 41, *Harf* a/29; *fcharpffen* > *fcharffen* 12 37, *fcharff*

6 150. Es wird daraus klar: die Vorlage von a, Manufkript oder Druck, hatte das fchleifche, zum Teil auch md. *ff*; das *pf* in a ift alfo fremdem Einfluß zuzufchreiben und es wird in b wieder befeitigt. *Klumpffen* b/D 32 ift dann als hyperfchriftfprachliche Form erklärlich. — (*Fantafey* 46 111, b/224, *Nimfen* a/102 cet.).

§ 13. Labiale Spiranten.

1. Im Anlaut finden fich keine Spuren von einem Übergange des ftimmhaften Spiranten (*w*) in Verfchlußlaut (cfr. Weinhold pag. 74).

Dagegen im Inlaut: *Löbe* b/B 32, *Löbens* b/C 32, korrigiert im Druckfehlerverzeichniffe zu *Löwens*, alfo als dialektifche Form erkannt; fonft fteht *w*; der Reim *Löwen* : *befreyen* a 44, in dem *w* fogar vokalifch erfcheint, ift von Opitz in b geändert worden. (*albern*, *Farbe*, *gelb*.) — Stimmhafte Spirans ift wohl auch anzunehmen für *Pöfel*, und damit vielleicht für weitere *b* des Inlauts? Cfr. § 10.

Halbvokal *w* : § 23. *w* > *h* : § 15,3. *aw*, *ew* : § 45. *qu* : § 14,4.

2. Hat fich ein Unterfchied zwifchen f^1 < germ. f und f^2 < germ. p erhalten?

Im Anlaut nicht. Schon Fabian Frangk (L 3a, bei Müller pag. 108) und Ickelfamer (C 5a, bei Müller pag. 140) fcheinen *v* und *f* nur orthographifch zu fcheiden: *v* foll befonders in den Verbindungen *rl* und *rr* ftehen. Opitz wechfelt zwifchen *v*, das auch *u* und *ü* im Anlaut bezeichnen muß, und *f* zwar mit einiger orthographifcher Regelmäßigkeit, doch fo, daß man aus den Abweichungen fieht: lautlich fcheidet er nicht mehr. Vgl. *Bergforwerck* b/33, fonft *v*; *vor*, *für* regelmäßig; *Feldt*, *Veldt*; *Ehrenreften* b/31.

Im Inlaut fteht *v*, soviel ich fehe, nur in Fremdworten. *ff* ift das regelmäßige Zeichen für f^1 und f^2. Einfaches *f* findet fich nur in folgenden Fällen: *Hafen* 145 45, *Nefen* a 239, *Vfer* b/166, b/181; *Schaf*, *Schafe* a/72, 15 195, 60 207;

Hoffe > *Hofe* 58 147, 237 15, *Höffligkeit* > *Höfligkeit* 31 108; *Schaff*, *Schaffe* > *Schaf*, *Schafe* 126 H 12, 138 K 11;

Egfer > *Egffer* 123 G 41, *Neef* > *Neeff* 144 44, *Tafel* >
Taffel 57 231, 156 58; *treflich* > *trefflich* 40 84, 238 16, *Schafe*
> *Schaffe* 11 36 x;
(*Harf* > *Harff* 15 241, *Harf* a/29, *Schärfe* > *Schärffe* 29 229,
cfr. § 12; *Pöbel* > *Pöfel* 86 160, *Pöfel* 233 10, b/223, *Vngeziefer*
> *Vngezieffer* 17 149, cfr. § 10;)
Hafen (fo l cfr. Weinhold pag. 74): *Schlaven* 145 45.

Ich meine, diese Liste redet deutlich genug. Mit Ausnahme
des Wortes *Schaff* haben *f* oder *ff* > *f* nur die Worte, in denen
es auf germ. $f = f^1$ zurückgeht; *Pöfel* (und *Vngeziefer*), in denen
f auf *b* zurückgeht, haben einfaches *f*; in dem einen Falle, wo
f und *v* reimen, ist einfaches *f* geschrieben. Hält man diese
Schreibungen mit der dialektischen Erscheinung zusammen, daß
f^1 ein weicherer Laut ist als f^2 (Weinhold pag. 74), so muß man
den Schluß ziehen: *f* bezeichnet einen weicheren Laut, als *ff*;
Schafe hat eigne Entwicklung, f^2 ist erweicht. Die Änderungen
f > *ff* beseitigen teils das $f = f^2$, teils sind sie orthographischer
Natur. Denn die lautgesetzliche Abstufung von f^1 und f^2 gilt
ohne Frage weiter, als das übermächtige orthographische Uniformierungsbestreben noch erkennen läßt, das durch die Eigenart
der Schriftsprache unterstützt werden mußte.

Im Auslaut steht *ff*; *f* nur in den angeführten Stellen.
Über unorganische Labiale: § 19.
Über labiale Geminaten: § 26, 3.

Gutturale, Palatale, h.

§ 14. Im Anlaut.

1. Mhd. k > ab k-g > nhd. k.

Krantz > *Grantz* 83 164; *Kutfch* > *Gutfch* 153 55, *Gutfchen*
151 53; dieselbe schlesische Erweichung des Fremdwortanlauts
wie bei den Labialen (§ 9, Weinhold pag. 85).

2. Wechfel zwifchen *g* und *j*. Vom heutigen Lautftand weicht ab: *gach* b/104. — Zu *gifcht* b/B 11: Weinhold (pag. 87): „Der mhd. Wechfel zwifchen *g* und *j* vor *i* und *e* hat fich im Zeitworte *jefen* erhalten. Infin. *jefen*: 3. perf. *gifcht*". Ich glaube nicht recht an einen wirklichen Lautwechfel, der fich fchwerlich wird nachweifen laffen. Der Wechfel wird wenigftens urfprünglich rein orthographifch fein: man wollte nicht $ii = ji$ fchreiben. (Ähnliche Erfcheinungen find bekannt.) *g* bedeutet vor *i* den palatalen Spiranten, vor *e* ift *j* geblieben. Möglich, daß das noch für die Schlefier galt: *g* konnte Spiranten bezeichnen (f. u. §§ 15,2 u. 16,1). Zwar war jener Zwang, den die Schreibung ausübte, fortgefallen, und das Gebiet des anlautenden Verfchlußlauts *g* hat im Dialekte noch heute nichts an den Spiranten verloren: *g* neigte vielmehr schon zu O.'s Zeit zur Stimmlofigkeit (cfr. Weinhold p. 82 f.). Aber man wird eine Nachwirkung archaifcher Orthographie annehmen dürfen, die auf die Ausfprache Einfluß gewonnen haben könnte.

3. Für *k* findet fich (in Fremdworten) die Schreibung *c*: *Carthaune* > *Kartaune* 10 35; *Creutz*, *Cörper*; *Craiß* (a).

4. *qu*: *Queckbrunnen*, *quelen*, *Quelle*, *Quitte* cet.

5. Anlautendes *ch* hat wohl keine eigne lautliche Bedeutung: *Chriftall* > *Criftall* 12 37, 225 1: cfr. *Cherubim*, *Chrift*, *Churfürftl.* cet.

6. Anlautendes *h*: *Helffenbein* 83 164, *Hetrurifch* b/b 11.

Daß vor *h*, wie vor Vokalen, Elifion eintritt und (namentlich in b) deren Zeichen, der Apoftroph, gefetzt wird, beweift nimmermehr, daß *h* ftumm ift: es beweift, daß Opitz, als er die Poeterey zufammenfchrieb, franzöfifche Quellen benutzte. Vgl. (*ein' Hand* 148 49, *das güldnen' Haar* 147 48,) *lieblich' Hoheit* 50 210, *Mond' hat* b/109 u. v. a. Vgl. §§ 60—63: Opitz fühlt fich nicht wohl bei diefem Verfahren.

In der Compofition ift das anlautende *h* von -*heit* nach *fch* ftumm (cfr. Weinhold pag. 87): *Falfchheit* > *Falfcheit* 144 44. Dagegen beweift natürlich nichts: *Menfcheit* > *Menfchheit* 141 K 22.

§ 15. **Im Inlaut zwifchen Vokalen.**

1. Zeichen für den ftimmlofen Verfchlußlaut *k* ist *ck*: *Eckel* b/L 11, *Mirackel* b/G 12 cet.

2. ‚Unorganifches *g* erfcheint in den Formen — *gelign geliehen, fagn* fahen, *befchcyc* gefchehe — die Form — *gefchrigen* gefchrien ift noch unorganifcher' (Weinhold pag. 84). Grammatifcher Wechfel liegt wohl zu Grunde, erklärt aber die (auch nd.) Erfcheinung nur teilweife; vgl. auch §§ 16,1; 17, 4 und 5. Hierdurch erklärt fich vielleicht die Änderung: *Wo dein Pfeil hinfliegen > hinfliehen foll* 56 192. Ein Bedeutungswandel ift wohl nicht anzunehmen. Das *h* von *fliehen* hat etwa diefelbe Wandlung durchgemacht, wie in den oben angeführten Formen. Damit war der Unterfchied der beiden Verba *fliehen* und *fliegen* unficher geworden, fie wurden verwechfelt (§ 16). Ich fchließe an: *beugen > reigen: Zweigen* 23 142; geht das *g* in *reigen* nun auf *rigan* (neben *rihan*) zurück oder liegt der jüngere dialektifche Wechfel *h-g* vor? Jedenfalls zog Opitz die Anwendung diefer Form dem Mißreim *eu : ei* vor.

3. Auslautendem *ch* entfpricht im Dialekte zuweilen auch inlautendes. *Hochheit > Hoheit* 31 108 (*Hoheit* 50 210), *rauchen* b/180 (*rauhen* 12 37, a/28, a/29). Vgl. Weinhold pag. 86. Opitz fcheint dies inlautende *ch* als dialektifch zu empfinden.

4. Das auf älterem *j, w, (h)* beruhende *h* fcheint ftumm: *blüendes* b/80, b/222; *glüen* 139 K 11: *gemeiht > gemeyt* 30 107 u. ö. (hier hängt wohl *y* an hergebrachter Erinnerung des *j*); *Weyer* b/110. [*fchlauhe* 238 16. — *Dorotheen : ftehen* b/77.] cfr. § 17,6.— Über Dehnungs-*h*: § 26,2.

Über Gemination: § 26,3.

§ 16. **Im Inlaut vor Konfonanten.**

1. Im Inlaut vor *t* fällt *g*, in gewiffen Fällen auch *h, ch* mit *k* dialektifch zufammen (Weinhold pag. 83-86): *zicte, gelawet, gefakt; fickt* ‚fieht'; vgl. das unorganifche *g* in *zigt* ‚zieht' (§ 15,2),

wo diefe Art Affimilierung noch nicht fo weit vorgefchritten ift, wie in *fickt*. Ob bei Opitz die Affimilierung von *g, h, ch + t* bis *kt* gelangt fei, ift fraglich. Jedenfalls läßt fich in der Schrift neben dem zweideutigen *gt* nur *cht* nachweifen: (*erwackt* b/219 [Weinhold pag. 86] gehört zu *erwecken*, nicht zu *erwachen*) *zeucht* 38 82, *zeugt* 39 83 zu *zeugen*; *zeucht* 44 113 zu *ziehen*; *fleucht* > *fleugt* 8 153, 20 138, 21 139, *fleucht* b/E 31, zu *fliehen*; *Cupido fleucht hinweg* 83 164. Vgl. § 15,2.

Andrerfeits läßt fich erweifen, daß *h, ch* vor *t* gänzlich ftumm fein können: *fiht: Liedt* b/B 12, *ficht: Gebiet* 130 H 41 (cfr. § 30,4); *fiht, ficht* entfprechen ältern *fihet*. Opitz begünftigt gegenüber a diefe Formen: *frcht* > *feht* 45 115, 104 238, *ficht* > *ficht* 5 135, 64 120 u. ö., nicht umgekehrt.

nicht reimt nur auf *-icht*, (z. B. b/204. Cfr. § 37). Die Form *nit* ift aus a eingefchleppt.

2. Ähnlich verhalten fich die Gutturale vor *ft*: *negft* b/76 (nicht *näkft*, wie Weinhold pag. 86 angiebt); *fichft* > *fichft* 56 192, 86 160 cet.

§ 17. Im Auslaut.

1. Spuren der Auslautverhärtung find infolge der orthographifchen Uniformierung von In- und Auslaut nur noch felten kenntlich: (*Briegk* b 81, b/77, b/78) *Blaßbalckmacher* > *Blasebälgemacher* 94 236, *wegk* > *weg* 96 214, *wegk* a/80. Diefe auf a befchränkten Verhärtungen brauchen keineswegs ftraßburgifch zu fein: vgl. v. Bahder pag. 264 f. und *Drang: Danck* a/43, :*kranck* 141 K 22, *Gesang: Tranck* 229 6, 158 61. — *Marggraff* b/a 42× Affimilierung? — cfr. 4.

2. Die Endung *-ig* fcheint noch nicht in der Weife fpirantifch gewefen zu fein wie heute (Weinhold pag. 83 f.). Belege für die Schreibung *-igk* bei Arndt pag. 56. Daß Opitz *-ig* und *-ich* fchied, macht die regelmäßige Schreibung *billich* = mhd. *billich*

31 108, b/121 cet., fogar *billicher* b/b 21 wahrfcheinlich. Eine Verwechslung: *Hedwich* b. 78. Daß im Inlaut *-ig* und *-ich* vor *-heit, -keit* verwechfelt werden, beweift nichts; denn hier find *g* und *ch* ftumm (Weinhold pag. 84): *Billigkeit* a 232, b/a 22; *Unterblichkeit* a/A 12; *-ig* ift die regelmäßige Schreibung: *Freundlichkeit* > *Freundligkeit* 65 143, *Traurigkeit* 68 210, *Ergetzligkeit* 75 207, cet.

3. *Scharlach* > *Scharlack* 135 J 31 (nd.);
Sarck: *Sarck* a 95, *Sarck* > *Sarch* 34 95, *Sarch* 41 86, 149 50. Man hat es hier nicht mit Auslautwechfel, fondern mit älterer lautlicher Differenzierung zu thun. (Vgl. Wilmanns Gramm. I § 56). Es findet fich auch die Schreibung *Sarg* b/89: ich nehme an, daß *g* hier *ch* vertritt. (Vgl.: *Häuslichen* > *Häufligen* 4 134.)

4. *Gelach* 159 62: O. fcheidet *-ig* und *-ich* (vgl. 2), er reimt nie auslautendes *-g* auf *-ch*: ich möchte alfo auch in *Gelach* das *ch* nicht als Zeichen eines fpirantifchen *g* anfehen. (Doch vgl. § 16,1, § 17,3 und 5.) Jedenfalls ift die Form *Gelach* nach Ausweis der Wörterbücher durchaus geläufig.

5. Die Verwechslung von *g* und *h*, *ch* (§ 15,2) fetzt fich auch in den Auslaut fort: *flog* > *floh'* 21 140 zu *fliehen*, *flog* > *floch* 1 131 zu *fliegen*. Der Dialekt kennt auch *fig* (Weinhold pag. 84); O. hat nur *fahe*, *fah'*, *fah*; *fach* a/55 wird oberdeutfch fein. *floh'* verhält fich zu *floch*, *zoh'* (*ich zoh' hin* b/177) zu *zoch* (b 141), *fah'* zu *fach* etwa wie *ficht* zu *ficht*: O. empfand die (zweifilbige) *h*-Form als beffer fchriftfprachlich (cfr. Poeterey E 1 a).

Der Imperativ *fich* a 87 [*flench* a/55× cet.] fcheint nur oberdeutfch zu fein.

6. *h*, das auf *j*, *w*, (*h*) zurückgeht, ift ftumm: *frü* b/65 ×, *Müh* b/89, *Stro* > *Stroh'* 130 H 41, 230 6, 236 14. Cfr. § 15, 3.

Über Dehnungs-*h*: § 26, 2.

Nasale und Liquiden.

§ 18. *m* > *n*.

Im Flexionsauslaut ift offenbar *m* zu *n* geworden. Dergleichen giebt es im Ober-, Mittel- und Niederdeutfchen (Weinhold mhd. Gr. § 505). In den Arbeiten über fchlefifchen Dialekt, bei Rückert, Drechsler, Arndt finde ich nichts darüber; Weinhold (pag. 67) verzeichnet für Nordfchlefien Wandlung von auslautendem *m* in *n*, aber nicht für Flexion. In fchlefifchen Dialektdichtungen ift es oft bezeugt. Ich gebe die Belege vollftändig, foweit nicht ausgefchloffen ift, daß lautliche Vorgänge irgend in Betracht kommen können:

Ronfardt ift mit reichen Einkommen begabet a/A 11, plur.?
Euripides, bey welchen Cyclops fagt a/A 21;
von Amos weifen Sohn 131 H 42;
wiederumb von newen wiederholen 133 J 21;
vor deffen hellen Liecht 137 J 42;
auff den 6. 7. vnd achten Buche ftehet die Vberfchrifft b/c 12;
denfelben (fing.) *vor Augen geftellet* b/G 12;
ob jhr den Morgenfterne vorzuziehen feyd b/65;
aus diefen trefflichen Gefchlechte b/68;
die Schande, fo vnfern Stande entftehen muß b/103;
mit halben Munde b/125;
mit Froft vnd fcharffem > fcharffen Reiff embhüllet 6 150;
der Vögel Companie mit fchönem > fchönen tiveliren 6 151;
an deffen ftillen (> *ftiller*) *Bach* 81 (162);
wirffet jhn mit fchönem > fchönen Brennenftein 82 164;
der Monden mit dem > den Wagen 130 H 41;
mit feinem > feinen Wagen 130 H 41;
laß deinen fich in euferm > vnfern Willen regen 139 K 11;
mit guten Willen b/96;
in guten Stande b/21.

Es ergiebt sich, besonders aus den Änderungen, daß diese Erscheinung Opitzisch-schlesisch ist. Wie wenig Gefühl Opitz dabei für das schriftsprachlich Richtige hat, zeigen besonders folgende Änderungen, die eine Art von hyperschriftsprachlichen Formen hervorbringen: *den* > *dem Menschen, die* dat. plur. 147 47; (vgl. *zum ersten = zu den ersten* b/L 12;) vgl. § 56. Teilweise mögen Assimilierungen anzunehmen sein. Ferner:

thet sich wieder stellen in seinen > *seinem alten Lauff* 141 K 22;
denn ich vor deinen > *deinem Thron muß schütten meine Zehren* 20 138.

An andern Stellen mischt sich Syntaktisches bestimmend ein oder es liegt den Änderungen ein Bedeutungs- und Vorstellungswechsel zu Grunde:

Lockt das Geflügel nicht auf seinem > *seinen Vogelherdt* 12 37;
in welchen > *welchem jhr verliebt* 21 140;
von > *vom Jupiter* 22 141;
von > *vom Abwesen seiner Liebsten* 27 145;
weint, daß sie wiederumb sei in dem > *den Frauen-orden* 81 162;
vor deiner Majestet end vnerhörten > *vnerhörtem Glantz* 141 K 21;
mit süssem newen > *newem Most* 152 53.

Es scheint mir, abgesehen von dem lautlichen Ergebnisse, daß *m* am Wortende gern zu *n* wird, aus dieser Liste hervorzugehen, daß bei doppeltem pronominalem Dativ (wie im letzten Beispiele) für Opitz eine Scheidung nach syntaktischen Gesichtspunkten ausgeschlossen ist, selbst wenn in seinem Sprachgefühl eine syntaktische Regelung dieser Fälle vorhanden gewesen wäre.

Ich glaube, dieser Wandel von *m* zu *n* ist in der Schriftsprache weiter verbreitet, als man zunächst anzunehmen geneigt sein wird. In kürzester Zeit habe ich folgende Beispiele gefunden: Morhof, „Unterricht", Kiel 1682, pag. 352: *von diesen Buche*; 369: *Übersetzung aus den Teutschen;* pag. 375: *Er gestehet in* den Schluß feines Wercks; 426: *Die Elocutio ist an gebührenden Ohrt herrlich*; pag. 445: *zu diefen Zweg*. Fr. Schlegel, Lucinde, Berlin 1799, pag. 164: *von geheimen Haß zerriffen*. Tieck, Schriften, Berlin 1828, V, 266: *ich lebe vor dero furchtbaren Anblick*. Allerdings lauter Autoren von nd. Herkunft, bei denen die Unficherheit zwifchen Acc. und Dat. mitfpielen könnte.

Anmerkung: Diefe Erfcheinungen find lautlicher Art. Bei dem doppelten pronominalen Dativ werden dagegen fyntaktifche Einflüffe ftärker fein: Das erfte *m* wird vom Sprachgefühl als Artikel- oder Demonftrativ-*m* aufgefaßt; alfo wird das zweite *m* zu *n*: die fchwache Deklination tritt ein. Zugleich wird auf diefe Weife das zweite Adjektiv enger mit dem Subftantiv verbunden und hebt fich von dem erften ab. Andrerfeits zeigt fich das Beftreben, *m* als markantes Dativzeichen zu fetzen (wie *s* im gen.: *Mutters, Elfes* cet.) wenn der Dativ nicht deutlich ift. Vgl. Schlegel, Lucinde, Berlin 1799, pag. 192: *von Herzem*; Raabe, Haftenbeck, Berlin 1899 pag. 150: *unter deffem Dache fie eine Heimftätte hatte bereiten wollen*.

Wie weit diefes *n* auch in Bildungsfilben eingedrungen fei, ift nicht auszumachen. Die Worte auf mhd.-*em* haben den nhd. Lautftand. (*Cherubin* b/E 41.)

Thurn 47 206, *Thürn'* 47 206.

§ 19. *mb, mp*.

1. Wenn *m* im Auslaut unter gewiffen Bedingungen die Bedeutung eines *n* erhalten hatte, fo konnte fich das Bedürfnis einftellen, auslautendes *m* befonders zu bezeichnen. Dazu dient vielleicht *mm* (vgl. § 26,3), ficherlich *mb*. *b* ift ftumm, es bezeichnet nur den labialen Charakter des Auslauts. Vgl. *Rhum : Eigenthumb* b/244 (der letzte Reim in einem Mufterbuche), *Reichthumb* 11 36, *Chriftenthumb* b/78; *nim > nimb* 1 131x, *nimb > nim* 19 138, *nimb* 2 132, 49 161, b/201. Die Einführung folcher Schreibart wird

unterstützt durch das alte *mb*: *Lamb* 13 39, 236 13, b. 165, *kramb* 159 62. Denn auch hier ift *b* ftumm: *Cham : Lamm* 134 J 22, *krumm > krum* 11 35. (*waramb* a/16, *dramb* b/B 12 cet. [fo regelmäßig] wage ich nicht ohne weitres anzufchließen; doch cfr. *kramb : emb* 159 62.)

Diefe *b* find fogar im Inlaut ftumm: *Lämmer* b/178 (cfr. Rückert pag. 177, Arndt pag. 74); alfo wird auch *b* in *Eigenthumben* b/G 12, b/G 21 etc. ftumm fein.

2. Hieran fügt fich gut, was ich über die unorganifchen Laute zu fagen habe, die fich zwifchen *m* und einem folgenden Dentalen (*d, t, s*) entwickeln. Denn ich glaube, daß auch diefe *b* und *p* infofern ftumm find, als fie nur die verfchiedenen Articulationsarten des *m*, die vor Dentalen eintreten können, näher bezeichnen. Das wird erftens wahrfcheinlich durch das oben (§ 18, § 19, 1) befprochene Verhalten von auslautendem *m*; zweitens durch den Wechfel von *m* und *mb*, *mp*: gerade wenn es fich um Wiedergabe eines unhiftorifchen jungen Übergangslautes handelte, konnte fich deffen Erkennen nur auf phonetifche Beobachtung gründen, und die Wiedergabe konnte nicht in der Weife inkonfequent fein, daß fie zwifchen *m* und *mb*, *mp* fchwankte. Schließlich ift auch beweifend, daß *mb* + voc. im Inlaut nichts andres zu bedeuten braucht, als *m* + voc. (vgl. 1).

Belege: *Irrthumbs* 41 85; *embßg* 153 55, b/G 12, b/89, b/99; *frembde* 31 107, b/88;

verblümbte a/A 22; *engezähmbten* b/103; *berümte* a/A 11;

vornembtich > vornemlich 13 38, *fchemftu > fchämftu* 24 228; *nimbt > nimpt* 13 38, 39 83, 45 114;

(*kümpt >*) *kömpt* 13 38 und regelm.; *nimpt* 2 132 und regelm.

3. Im Dialekte ift inlautendes *mb* zu *mm* geworden; unorganifches *b, p* fehlt; Opitz weicht alfo nur im Auslaut vom Dialekte ab: auch auslautendes *b* nach *m* ift ftumm (f. o. und Weinhold pag. 67).

§ 20. Schwund und Enthefe von *n*.

1. Auslautendes *n* wird im Dialekte ftumm (Weinhold pag. 68). Auch bei Opitz: *Arme: erbarmen* b/E 42, *Pferde: Erde > Erden* 27 145, *Feuer: ftewern* b/173. a fträubt fich. Die Zeichen *m* und *n* bedeuten alfo im In- und Auslaut ganz Verfchiedenes. Ähnlich wie *m* kann auch auslautendes *n* befonders konferviert werden durch Epithefe von *d*. Cfr. § 5, 1. Aber diefer Vorgang ift ein andrer.

nun und *nu* wechfeln: *nun > nu* vor Voc. 225 1, *nun* b/89, *nu: zu* b/177; *etwan* vor Voc. b/172.

2. Einmal findet sich Schwund des *n* in der Endung als Part. praes.: *murmelden* a 12.

deinetwegen > deinentwegen 22 141, *jhrentwegen* 49 161, *eufertwillen* 124 G 42. (*Mohes* b/77.) *Einehmung* b/b 12

fernen > ferren 237 14, *ferr* a 53, in b meift die nd. md. *n*-Formen.

genug > genung 8 153, 45 114, *genung* 38 82, b/66, b/244. Vgl. § 5, 2. (Der gutturale Nafal ift klar angedeutet in *Bangigkeit > Banggigkeit* 160 64. Vgl. dagegen *Stimmen: dringen* b/94, *Companie* 6 151.)

mm, nn: § 26, 3.

§ 21. *r*.

fodern, b/F 11, b/19, *fordern* b/E 42; *födern* b/242, *fördern* b/E 41;

hie > hier 69 154, *hieher* 9 239;

alldar a/54, 31 107, *von dar* 226 2, *dar > da* 51 231, 75 207; *darfür* 7 152, *darvon* 8 153, 31 108, *darzu* 41 85, *durdurch > dadurch* 82 163 cet.;

wordurch b/B 42, *wormit* b/E 41, *worvon* 31 108, *worzu* b/201 cet. meift ohne *r*; vor Vokalen bleibt *r*: *darum* cet.

ehe neben *eher*.

Vgl. auch § 22, 1.

Über *rr, ll*: § 26, 3.

Übergänge zu den Vokalen.

§ 22. Silbifche Konfonanten.

1. Daß *r* zuweilen filbifcher Natur fei, machen die Schwankungen und Unregelmäßigkeiten des Drucks befonders deutlich. Er fchreibt Synkopen vor, die verstechnifch unmöglich find, und zeigt umgekehrt volle Formen, wo nur fynkopierte ftehen können: *rnfere* zweifilbig, *enfre* dreifilbig u. ä. Vergleicht man damit Formen wie *beffer* = *befferer* b/80, *gelehrterern* a/119, *Wäldren* > *Wäldern: Feldern* > *Felden* 84 193, (*Koren* 150 51 u. ö.) ferner die zahlreichen Änderungen: *theur* > *fehr* 58 147, *traur* > *klag'* 19 137 u. ä. (vgl. § 57), fo wird man zugeben, daß, wenn auch fyntaktifche Vorgänge mitfpielen mögen, in den erften Fällen *r* durch *(e)rer, re, er* oder den bloßen Vokal darzustellen verfucht ist; (der Schwund des *r* wird hiermit zufammenhängen, vgl. § 21), daß in den letzten *r* hinter Diphthongen nicht in derfelben Silbe Platz findet. Freilich ift diefe Entwicklung fekundär, fie wird durch Apokope und Synkope wenn nicht hervorgebracht, doch ftark beeinflußt fein. Auch die fogenannte Metathefe ift lediglich ein Reflex diefer noch flüffigen Entwicklung. Diefe wird ihrerfeits durch das gleichberechtigte Nebeneinander zweier grammatifch verfchiedener Formen mit gleicher Bedeutung unterftützt und verbreitet worden fein: *ander* neben *andre, rnfer* neben *rnfre* u. ä. Vgl.: *ander* > *andrer Streit* 45 114, *in ander* > *andre Huld* 48 161, *fchöner Hände* a 58 cet. (§ 58, 2). Hier werden fich gewiß lautliche und fyntaktifche Vorgänge mifchen. — Vgl. Spielhagen, Problematifche Naturen, Leipzig 1885, I, 106: *ficheres* und *edleres* (Komparative); Raabe, Haftenbeck, Berlin 1899, 352: *milderern*.

Zu vergleichen wäre dann: *famlen* a 54, b 210; *manglen* > *mangeln* 92 185 cet.

2. *Buhlerin* a 81, *Einwohnerin* a 24, *Göttin* a 21, a 144 find Plurale. Die Endung -*in* ift zwar einfilbig gemeffen, aber zweifilbig oder mindeftens mit Geminate am Schluffe gefprochen. Daher die Änderungen: *Buhlerinn* b 162, *Einwohnerinn* b 209. Denn diefe Änderungen find nicht graphifcher, fondern lautlicher Natur: die Zweifilbigkeit von -*in*, -*inn* zeigte fich zuweilen fo kräftig, daß auch der Vers geändert wurde, um ihr Recht zu thun: *Göttin* > *Göttinnen* 21 140, 144 44, *Rofinn* > *Rofinen* 67 118 (in Profa). *Gülden* a 20 bedeutet *güldenen*, es wird geändert zu *güldnen* b 138. *Albern* b/C 11 ist Plur. zu *alber* oder aber zu *albern*. [Vgl. Albrecht von Eyb, Deutfche Schriften ed. Herrmann, II, Berlin 1890 pag. XVIII: *betriegerin*, *fchmaichlerin* (Plur.) und Herder, Urfprung der Sprache[1], Suphan 5,137: *fähig, fich zu vervollkommen* > *vervollkommnen*[2]].

Wieweit auch *an Tag geben* 45 114, *in Himmel* a/A 21 (in Profa), *in Wind* 10 240 u. ä. hierhergehören, ift nicht ficher auszumachen. Es ift aber doch zweimal geändert: *in Sinn* a 23, *in* > *gen Himmel*.

Ähnliche Erfcheinungen bei *s*: *was gewiß* = *was gewiffes* 98 96, *bloß* = *bloßes Anblicken* a 58. Cfr. § 56, 2.

§ 23. Halbvokale.

j und *w* find ihrer halbvokalifchen Natur entkleidet, fo gut wie ganz. Vielleicht hat das durch Synkope aus *i* hervorgehende *j* noch etwas Vokalifches: *Lilje*, *Spanjer* cet. (zweifilbig, neben den dreifilbigen Formen: *Lilie*, *Spanier*); vielleicht auch *w* in *aw*, *ew* (§ 45).

Vgl. *j*: §§ 14, 2; 15, 4; 17, 6; *w*: §§ 13; 15, 4; 17, 6.

Vokale der betonten Silben.

a.

§ 24. Zeichen und Laut *a*.

Die Gebiete des Zeichens und des Lautes *a* fallen faſt ganz zuſammen; nur zuweilen bedeutet *a* den Umlaut von *a*, darüber unten zu handeln ſein wird (§ 28). Von dem Dialekt weicht dieſer correct ſchriftſprachliche Gebrauch des *a* weit ab.

§ 25. *â · ô*.

Wohn a/74, *Argwohn* 237 14, *Wohn* > *Wahn* 103 238, *Wahn* 139 K 12, b/E 31: *warvon* > *worvon* 31 108; *Ram* > *Rom* 236 13; *befohre*: *Thore* 3 134, *befohren*: *gebohren* 151 52, *befahrte ſich* a 33. Sonſt nhd. Lautſtand.

§ 26. Quantität aus der Schreibung beſtimmt; Allgemeines.

Die Vokalquantität braucht nicht beſonders bezeichnet zu werden, auch in Stammſilben nicht; ſie kann bezeichnet werden durch 1. Vokalgemination, 2. *h*, 3. Konſonantengemination.

1. Ich nehme ohne weiters an, daß Vokalgemination Länge bedeute. Dann ergiebt ſich aus Opitzens Schreibung nichts vom nhd. Lautſtande Abweichendes: *Aaß*, *gaar*, *Haab*, *Haar*, *Saal*, *Saate*, *Schaaff*, *Schaale*, *Schaar*. Daß daneben Formen mit einfachem *a* vorkommen, iſt ohne lautliches Intereſſe. Über *ſaat* = *ſatt* (Poeterey D 4b) vgl. Martin Anz. f. d. Alt. 14, 287 b/202 hat an der Stelle *ſatt*.

2. Nicht jedes unorganiſche *h* iſt von Hauſe Dehnungszeichen. *th* hat eine lautliche Bedeutung wenigſtens gehabt, das *h* hier nicht von vornherein Länge des folgenden Vokals angezeigt (cfr. Wilmanns, Orthographie ² §§ 82 ff.). Opitz betrachtet indes auch dieſes *h* als Dehnungszeichen. Das ſieht man aus der häufigen Metatheſe

th > *ht*, durch die das *h* feine gewöhnliche Stelle erhält: *Noth* > *Noht*, *werth* > *wehrt* cet., auch *geth*, *fteth*. Sicherlich fpukt bei dem Gebrauche des *th* das griechifche ϑ (bei Gottfched auch Otfrieds *th*). Das wird beftätigt durch eine ähnliche Erfcheinung bei *r*: nur nach *r* und *t* kann das längende *h* vor dem Vokale ftehen. Auch diefes *rh* wird aus dem Griechifchen (ῥ) zu erklären fein; vgl. *rhürt*, *rührt*, *Rhu*, *Ruh* cet.

Auch in Worten wie *Stahl (gehn, ftehn)* mag man nach der Synkopierung *h* als Dehnungszeichen betrachtet haben.

Sonft, nehme ich an, bezeichnet unorganifches *h* Dehnung. Es lehrt wenige vom Modernen abweichende Quantitierungen kennen, für *a* nur: *Wahll* > *Wall* ‚vallum' 36 146.

Aus dem Fehlen des *h* ift nichts zu entnehmen. Vielfach ftehen Formen mit und ohne *h* neben einander. — Vgl. §§ 14 ff.

3. Ich ftelle hier alles zufammen, was über Konfonantengemination zu fagen ift, fofern fie über den vorhergehenden Vokal Auffchluß giebt.

Die Orthographie der Geminaten ift in einem verzweifelten Zuftande. Sie muß es; man vergegenwärtige fich noch einmal: Opitz fchreibt; von manchen Stücken erfcheinen in Schlefien erfte Ausgaben, andre hat Zincgref im Manufkript vor fich; Zincgref redigiert und ändert vielleicht, der Straßburger Drucker ändert ficher; dies Konglomerat benutzt der Drucker von b auf weite Strecken als Vorlage; er druckt in Schlefien, aber feine Technik ift nicht fchlefifch, wie fich hier am beften zeigt. Und gerade in diefem Punkte war noch nirgends eine leidliche Norm erreicht (v. Bahder pag. 85 ff.), die einer neuen Lautfixierung hätte zu Grunde gelegt werden können. Aber wenigftens laffen fich mannigfaltige Einflüffe erkennen, die fich faft in jedem einzelnen Falle anders kreuzen und die Schreibung beftimmen.

In der md. Druckfprache war Geminata nach kurzem Vokale im Inlaute das Gewöhnliche geworden; fie wird ins Schlefifche auch da übertragen, wo der Vokal dialektifch und nach Reimgebrauch lang ist (*Schatten*, *ā*, vgl. § 27,2; *Stalle*, *ā*, vgl. § 27,2; *Ketten*, *ē*, vgl. § 31,2; *frommer*, *Gottes*, *ō*, vgl. § 42). Wo sich im md. Inlaut Geminate nach langem Vokal findet, wird diese dann um so leichter ins Schlesische übertragen werden können (*Seitten*, *streitten*, *stette*, *engeflämme* cet.). Es konnte so eine sekundäre Neigung entstehen, Geminaten (besonders *tt*) nach langen Vokalen zu setzen, die dann noch größere Verwirrung in der Orthographie anrichtete. Andrerseits ist zuweilen der Dialekt mächtig genug, gegen die gewöhnliche Druckweise eine Bezeichnung seiner eigentümlichen Quantitäten durchzusetzen. (cfr. *bieten* > *bietten*, *ï*, cfr. § 37, *Ruten* > *Rutten*, *u*, cfr. § 42, *zollen* > *zohlen*, *ō*, cfr. § 42). Häufig werden die Geminaten vor Konsonanten vereinfacht: *Mitler*, *sitsam*; namentlich *ll*: *gleichfals*, *fell*, *stelt*, *gestalt*; *begonte*, *gerannt*; *mm* und *rr* gewöhnlich nicht: *jrrdisch*, *Herrscher* neben *Herscher*, *himmlisch* neben *himlisch*. Andre Worte haben, teilweise ohne daß Quantitätsunterschiede kenntlich wären, hergebrachter Weise einfachen Konsonanten: *Natern*, *Bleter* neben *Bletter*, *Krüpel* neben *Krüppel*, *Ege*. Vielleicht sind auch diese Schreibungen durch die Druckersprache weiter verschleppt, als ihre Bedeutung reicht. Es mag mit der Übertragung der einfachen Konsonanten vom Md. aufs Schlesische ähnlich gegangen sein, wie mit den Geminaten, sodaß sich nun lautliche und, wenn man so sagen kann, orthographische Schreibung gemischt haben.

Im Auslaut scheint die Verwirrung noch größer und die Unsicherheit wird oft skurril. Da steht das alte Auslautgesetz, nach dem Geminate des Wortinnern am Wortende vereinfacht wird, neben dem Gesetze der orthographischen Uniformierung von In- und Auslaut. Hinzugekommen scheint noch ein Versuch, nach der Quantität zu regeln, sodaß nach langem Vokal einfacher Konsonant, nach kurzem Geminate steht. Über allem aber steht die alte Schreiber- oder Druckergewohnheit, die gewissen Worten einfache Konsonanz giebt (*Blat* neben *Blatt*, *Bret*, *Nachtigal*), ohne daß daraus ficher auf die Vokalquantität zu fchließen wäre, andrerfeits, wenn auch in a b nicht häufig ficher erkennbar, bedeutungslofe Geminationen als Schnörkel anbringt (*Karll, rugestümm*).

Als Material zum Nachprüfen oder Neufinden gebe ich hauptfächlich die orthographifchen Änderungen. Sie find für *tt > t* vollftändig. Es wird an ihnen am beften erfichtlich, daß mehrere Regeln angreifen, aber keine durchgreift. Um das Verhältnis zwifchen Dialekt und Schriftfprache, Laut und Schrift möglichft deutlich zu machen, teile ich nach den fchlefifchen Quantitätsverhältniffen ein, die ich für Opitzens Zeit aus Buchner, ‚Anleitung zur deutfchen Poeterey‘, und aus Titz, ‚2 Bücher von der Kunft hochdeutfche Verfe und Lieder zu machen‘*), ferner auch aus den Reimen entnehme; nur wo diefe verfagen, benutze ich Weinholds Angaben über den modernen Dialekt. Bei unficheren Fällen fteht ein Fragezeichen.

1. Schlefifche Länge: *Bethe > Bette, hat > hatt, kotig > kottig* (?). *Spot > Spott* (meift *tt*), *Acten > Actten* ‚perpetuam‘, *Act > Actt* ‚locum‘; dagegen *mitt > mit* ‚cum‘, *tretten > treten, ftreitten > ftreiten, verbotten > verboten*; wohl auch *Vatter > Vater*; — *Stätten > Städten*.

Quall > Qual, zollen > zohlen;

angenemen > angenemmen > angenehmen (die Ausgabe I von 1621 und 126 H 12), *Frömigkeit > Frömmigkeit; gramm > gram; Zinns > Zins*.

2. Schlefifche Kürze: *bieten > bietten, Hütlein > Hüttlein* ‚petafunculus‘, *Ruten > Rutten; gutte > gute; himmlifche > himlifche, komm > kom*.

3. ? *Brett > Bret, ftattlich > ftatlich, Trompetten > Trompeten*.

---

*) Die Citate find nach v. Bahder. Das Buch von Titz war überhaupt nicht aufzutreiben, von Buchners ‚Anleitung‘ nur eine pofthume Ausgabe von 1665 und eine unrechtmäſsige Ausgabe von 1662, beide offenbar gekürzt und nicht ohne Fehler.

Andre Beispiele: *Tiroll*; *voll (ō)*; *wellsch*; *woll, wohl, wol (ō)*; *prallen — prahlen*; *soll (ō)*, *will (ī)*, *all* neben *fol, wil, al*; *frommer, nemmen* und *nehmen*;
Mann und *kann (ā)* meist > *Man, kan*; *Göttinn, Göttin*; *vnzertrentlich*; *rnd* 60, *ennd* 70 mal in der Vorrede zu b; *doppelt, ertappen, Klepper, Krippe, Krüppel, Lippe, Puppier, Rippe, Vppigkeit* (vollzählig; *Krüpel* f. o.).
Genaueres unter den einzelnen Vokalen.

Welches wäre nun schließlich die Ausbeute für die Quantitätsbestimmung? Für den Auslaut halte ich einen Schluß aus der Schreibung für unmöglich. Im Inlaut mag, zumal wo die schlesische Quantität mit der gemein-nd. übereinstimmt, aus einfacher Konsonanz Länge gefolgert werden, unsicher genug; alle übrigen Schlüsse sind haltlos. Und zu dem einen möglichen werde ich erst greifen, wenn alle bessern Hülfsmittel versagen.

Über *ll, ß*: §§ 8, 3 ff.; *ss*: § 13, 2; *ck*: §§ 15, 1, 17, 3 (*dt*: § 3; *tz*: § 7).

§ 27. Quantität aus den Reimen bestimmt.

1. Ein weit sichereres, nur nicht so oft anwendbares Mittel zur Bestimmung der Laute, hier speziell der Vokalquantität, sind die Reime. Denn Opitz braucht sie mit Überlegung. Er hat theoretisch über sie gedacht und geschrieben, und zwar besonders, was ihren vokalischen Lautbestand angeht. Er weiß, daß ein Zeichen zwei Laute ausdrücken könne (Poeterey F 3a), und seine Scheidung von *e* in ε und η — die Zeichen sind schon möglichst unglücklich — pflanzt sich, gewiß oft unverstanden, in den Lehrbüchern fort. Die Reime sind, wie sich noch im einzelnen zeigen wird, an Opitzens Dichtung das, was ihm am meisten und innersten zugehört. Von einem hergebrachten Formelschatz kann man nicht reden, die Reime sind Opitzisch, und es finden sich verschwindend wenige papierne darunter. An den Reimen feilt Opitz am ängstlichsten und sorg-

fältigſten, ſodaß jede Andrung einen Fortſchritt zu dem in Opitzens Sinne Richtigen bedeutet und beſonders zu prüfen iſt. Daneben müſſen Reimliſten Reſultatreihen von abſteigender Wahrſcheinlichkeit ergeben. Der einzelne Reim beweiſt nichts, denn in jedem einzelnen Falle kann Opitzens Stellung zwiſchen Dialekt und Kunſtſprache — ‚*denne welches wir Hochdeutſch nennen*' (Poeterey E 1 a) — verſchieden ſein, jedenfalls iſt ſie unbekanntes x. Beſtätigend treten hinzu die Dialektanfzeichnungen aus älterer und nenerer Zeit.

2. Abweichend vom Gemeindeutſchen iſt *a* in folgenden Fällen quantitiert. (Die Belege ſollen vollzählig ſein.)

(*ăb?* *ab : Grab > ein : ſein* 23 143; *ab : hab > zoch : Joch* 22 141; *ab : gab, Grab; gab : Stab;* ab ſcheint demnach geſonderte Quantität des *a* zu haben, wahrſcheinlich Kürze, alſo die übrigen Worte Länge.)

āch. mach : nach > ſich' : Galathee 26 189; *nach : Bach, Dach;* Weinhold *Bäche, Däch.*

āg. Verkehr : her > Tag : pflag 53 157 (Vgl. § 30,1); *mag : pflag, Plag, Tag; pflag : Tag;* Weinhold: *mäk, Täk.*

ăl? *all : Saal > Liecht : bricht* 32 117; *Fall : Nachtigal, Stall, Thal; Mahl (zumal) : Saal, Thal, Zahl; Nachtigal : Thal; Saal : (Schale, Stahle), Stall, Thal; Schall : Thal; Stall : vberal; vberal : Zahl.* Soweit dieſe Reime rein find, iſt wohl *a* lang (cfr. Weinhold pag. 26 f., Drechsler pag. 20 f.).

ăm? Bräutigam : Scham : Flamm' : nahm; (Flammen : zuſammen; Flamme : Stamme) gram : Scham; kam : nahm, Scham.

ān. Das *ā* iſt bei Opitz für *an, kan, Man* (meiſt mit einfacher Konſonanz!) durchaus ſicher. (Vgl. Weinhold *kān* und die älteren Litteraturbelege Weinholds und Drechslers a. a. O.). *an : rann > entzückt : geblickt* 21 139, *Gang : Gefang > an : gethan* 25 188, *dich : jnniglich > an : gethan* 57 193; (die Änderung *an : ſtahn > kan* 53 157 iſt vorgenommen, weil *ſtahn* verpönte Form iſt, cfr. § 33,4; ähnlich: *heran : gahn* > *ftehn : gehn* 53 157) *an : Bahn, empfahn, gethan, kan, Man, Schwan, ftahn, enderthan.*

foll : verfchubdt > *kan : gethan* 58 147, *entzündt : kündt* > *Wahn : kan* 59 148, *ftill : will* > *an : kan* 61 116, *kümpt : nimpt* > *an : kan* 73 218, *begehrt : werth* > *kan : an* 87 161; *kan : Bahn, Chriftian, Fahn, gethan, Han, Juftinian, Man, Maximilian, Pan, Pelican, Schwan, Wahn;* unrein *kan : dann?*

Man : Fahn, gethan, Majoran, Pan: Titz: *jederman.*

äffen? gefchaffen : entfchlaffen (:Schaffen ‚ovibus').

äffen? Straffen : faffen, verlaffen.

āten. Schatten : braten, gerathen, Saaten (rmbfchattet : rathet). Weinhold: *Schāten.*

ās? baß : Glas; das : Glas; Graß : laß ‚languidus'. *naß; maß : naß; naß : vergaß;* Titz: *dās, dāß, nāß.*

āt? Thut : Statt > *fey : -ey* 74 155; *Blut : trat (: hat), Stadt : hat, Rhat, That.* Titz: *hūt;* Weinhold: *Stāt.*

ābt? gehabt : begabt, gelabt.

Über *gahn, ftahn; empfahn* § 74.

Über *fchallt - fchellt - fchällt, fcharrt, fchirrt* § 72, 73.

§ 28. Umlaut.

1. Es wären nunmehr die Grenzen des *a*-Lauts gegen den oder die *e*-Laute feftzulegen, d. h. zu beftimmen, wie weit der Umlaut des *a* vorgedrungen ift. Hier liegt die in § 24 angedeutete Differenz zwifchen Buchftaben und Laut *a*: in der Zincgreffchen Ausgabe wird der Umlaut zuweilen durch *a* wiedergegeben: *fangt* > *fengt* 12 37, *glantzt* > *glentzt* 46 111, *laßt* > *leßt* 8 152, 12 37, 86 159 u. ö., *fanfftiglich* > *fenfftiglich* 69 154, *fchlafft* > *fchläfft* 11 36, 1439. Inwieweit diefe *a* Umlaut bedeuten ift nicht ficher zu fagen; man wird nach den Änderungen annehmen, daß fie nicht Opitzifch feien. In b finde ich nur einen zweifelhaften Fall von nicht bezeichnetem Umlaut: *Ballenftadt* b/a 21. Vgl. 2. Rückumlaut § 73.

— 45 —

2. Giebt man danach zu, daß der Opitzifche Umlaut in b bezeichnet wird, fo findet man ihn bis auf folgende Abweichungen in den heutigen Grenzen: *Allaren* (: *fparen*) 157 59, *fpat* (: *Grad*) 27 145 cet., *fpat* (Adj.) b, F 11 u. ö.; *gebühnt* 125 II 11, 139 K 12. Für die Zincgreffche Ausgabe läßt fich keine fcharfe Grenze feftfetzen; überhaupt muß im einzelnen manches unficher bleiben.

Über die Qualität und Quantität des umgelauteten *a*: §§ 29 ff.

e-Laute.

§ 29. Schreibung.

1. v. Bahder hat über *ä* ausführlich gehandelt (pag. 104 ff). Ich brauche alfo die geltenden Einflüffe und Gefetze nicht erft aus dem Materiale zu entwickeln; ich ftelle vielmehr die Belegliften voran und fuche fchließlich Opitzens Stellung zu beftimmen.

1. *ä* bezeichnet den kenntlichen *a â*-Umlaut. Ausnahmegruppen:

a) die 2. und 3. Perfon vieler Verba, die in der 1. *a* haben:
läßt > *leßt* 33 94,
fchleffft > *fchläfft* 69 154,
träget > *treget* 82 163,
wächßt > *wechft* 87 160;

1. Perfon e ä
glentzt > *gläntzt* 3394,
fchemft > *fchämft* 24 228;

erfehrt, fengt, gefellt, hell, hengt, leßt, fchlegt, tregt, wechft; daneben faft durchaus Formen mit *ä*. — (*fchwetzt.*)

b) Conjunctivi Praeteriti: *brechte, hette, keme, lege, neme; were*; auch hier kommen Formen mit *ä* vor. — Ferner:

c) Subftantive:
Äfte > *Efte* 23 142,   *Gehege* > *Gehäge* 12 37;
Blätter > *Bletter* 20 138;
Empter, Bencke, Bletter, Rencke, Sterke, Stette.

d) Adjektive:

beſtändig > *beſtendig* 71 52, *mechtiglich* > *mächtiglich*
näher > *neher* 140 K 21, [84 213;
ſchädlich > *ſchedlich* 147 47,
ſchändlich > *ſchendlich* 21 140;

behend, beſtendig, ſelig, gentzlich, hartneckicht, heßlich, kreſſtig, ſchendlich, enterthenig, vnzehlich; daneben ä-Formen.

e) Verben:

dämpffen > *dempffen* 227 3, *gefellet* > *gefället* 35 146,
geſättigt > *geſettigt* 14 39, *geſchetzt* > *geſchätzt* 67 218;
gewältzt > *geweltzt* 226 2;

dempffen, endern, krencken, meſten, nehren, ſchelen, ſchmehen, ſchwechen, temmen, trencken, wehlen, zehlen. Daneben wieder ä-Formen.

2. ä bezeichnet iſolierten a ä-Umlaut.

ähnlich > *ehnlich* 12 37, *ehnlich* > *ähnlich* 75 220,
ſäen > *ſeen* 27 145, *geſpehet* > *geſpähet* 21 140;
ſtäts > *ſtets* 28 145,
Thränen > *Threnen* 34 212 und gewöhnlich,
Zähren > *Zehren* 34 212 und gewöhnlich;

Ähre, ähnlich (auch e), Älpe, (Dolmätſcher,) gränzen, Käſe, Mähr, nähen, ſläten (e), Thränen (e), Zähren (e); blehen, drehen, Keſicht, leer, ſelig, ſeen, wehen.

3. ä bezeichnet Nachkommen von mhd. ä.

häſſtig > *heſſtig* 230 7, *wehrt* > *wärt* 37 81;
rächnen > *rechnen* 82 164;

Bär (e, ee), gebären (eh), Läger, gelägert, Rächerinn, Säſſel, verjähen, wären (eh), -wärts; rechen, wegen.

Alſo ein Durch- und Nebeneinander von etymologiſcher und lautlicher Bedeutung des Zeichens ä. Denn es zeigt ſich, ſcheint mir, eine lautliche Bedeutung — abgeſehen von der Aufſtellung der Gruppe 3 — darin, daß die durch e wieder-

gegebenen, nicht iſolierten *a*-Umlaute faſt ſämtlich alt, alſo mhd.
geſchloſſen ſind; die Quantität hat ſo viel ich ſehe keinen Einfluß. Wie iſt dieſer Zuſtand erklärlich, wie können ſich die
Änderungen ſo gegenſeitig aufheben?

Der ſchleſiſche Dialekt hat nur einen, einen offenen *e*-Laut.
(Drechsler pag. 12 ſcheint Weinhold falſch zu verſtehen: Weinhold behauptet nicht, daß die mhd. *e*-Laute in *ë* zuſammen-
gefallen ſeien.) Der Zuſtand der Schreibung beweiſt offenbar
dasſelbe für Opitzens Zeit. Giebt man dann noch zu, daß
ä auch eine lautliche Bedeutung habe, ſo iſt dieſelbe Laut-
entwicklung für Opitz erwieſen, die man — gerade bei *ä* —
auch unter der Herrſchaft der modernen Schriftſprache wahrzunehmen glaubt: daß nämlich die Schreibung den Laut bilde.
Bei einer Kunſtſprache iſt das eigentlich ſelbſtverſtändlich und
es entſpricht allem, was ſich über Opitzens Sprache ergeben
hat und ergeben wird. Ebenſo ſteht heute die ſtädtiſche Um-
gangsſprache in Schleſien zwiſchen Schriftſprache und Dialekt.
Für Opitz iſt es gleichgültig geworden, wie weit die Zeichen
e ä im mhd. die Laute *e ë* wiedergeben, wie weit orthographiſche
Einflüſſe den Zuſtand geändert haben: er entnimmt die zwei
Zeichen als zwei Laute, über deren Kompetenz er ſich aber
keineswegs immer klar iſt. So konnte *ä* auch für mhd. *ë* eintreten, obwohl ſchleſ. *a* entſpricht. Der Dialekt mit ſeiner
Trennung von *a* = mhd. *ä* und *ä* = mhd. *e* mußte dann die neue
Trennung begünſtigen, *ä* in ſeiner Neigung offnen Laut zu bezeichnen, noch verſtärken, aber auch die Richtung der Entwicklung von ihrem urſprünglichen Wege abdrängen: zuerſt
hatten mhd. *ë* und der jüngere *a*-Umlaut den offnen Laut, jetzt
wurde mhd. *ë* und außerdem die durch *ä* wiedergegebenen Laute
offner als die übrigen; aber dieſes *ä* iſt noch jung und unent-
wickelt: ſeine Herkunft iſt nicht einheitlich, die Schreibung
ſchwankt noch. — Ich muß noch einmal auf dieſe Verhältniſſe
zurückkommen: § 30.

2. Der Buchſtabe *ö* bezeichnet:

1. den Umlaut von *o*, regelmäßig;

2. in *dörffen, förchten, gönnen, König, können, mögen, Stör* den Laut, der an Stelle des mhd. *ü* getreten iſt. Vgl. §§ 34, 36;

3. den Laut, der an Stelle des mhd. *e* getreten iſt in *Löffel, Oepffel, ſchöpffen, zwölf*, meiſt auch in *Hölle*, bei Zincgref auch in *löſchen, verhören*, zuweilen in *ſchwören*;

4. griech. οι, lat. *oe* im Wechſel mit *e* (in b meiſt *e*);

5. in *Löwe* kann *öw* einen Diphthongen bedeuten (§ 13,1).

Über die Qualität des Lautes vgl. §§ 34, 43, 44, 49.

3. Damit wäre das Gebiet des Zeichens *e* begrenzt — denn *ee* hat keine lautliche qualitative Bedeutung (§ 31 I) es iſt alſo, ſoweit die *e*-Laute reichen, ſo gut wie nirgends ausgeſchloſſen: nicht bezeichnet werden durch *e* gewöhnlich *1.* in a die jüngeren etymologiſch deutlichen *a*-Umlaute, *2.* in ab die etymologiſch deutlichen *o*-Umlaute; aber auch deren Laute kann *e* darſtellen bei ſprachlicher Iſolierung oder wenn durch andre Vorgänge dieſelben Laute hervorgebracht ſind (vgl. 2). Belege ſ. o.

§ 30. Qualität aus den Reimen beſtimmt.

1. Mehres und Deutlicheres ſoll ſich aus den Reimen für die Qualität der *e*-Laute ergeben.

Heilborn (PBB XIII, 567) hat richtig geſehen, daß auf der einen Seite nur die mhd. *œ, ä, ë, e*, auf der andern die mhd. *ê, ö, œ* entſprechenden Laute unter einander reimen. Abweichungen:

1. œ ä : ê : *wären : kehren* a/80, *Beſchweren : kehren* 34 212, *Zähren : kehren* 20 138, 34 212 u. ö.;

2. œ ä : ö œ: *Väter : Götter* 126 H 21, *Verräther : Götter* 153 54;

3. ë : ê :   her : verkehr > Tag : pflag 53 157, her : Verkehr a/80,
            132 J 11, begehrt : kehrt 126 II 12, Erdt : kehrt 149 50,
            Herdt : kehrt 12 37, werth : kehrt 90 183, 229 6 u. ö.;
            begehret : verkehret 5 135, wäret : verkehret b/94;
            verwerren : Herren 130 H 41;
4. e : ê : ernehrt : kehrt 144 44, Pferdt : kehrt 154 55, 233 10;
            verheeret : kehret a/72, verzehret : kehret 157 59,
            94 235, wehren : kehren 34 212; verhöret (= ver-
            heeret) : ehret a/62.
5. e : ö : gegen : mögen 14 40, 233 10, 238 16 (ö < ü).

Die Sonderſtellung von *gegen* und *kehren* hat Heilborn erkannt; ſie ſpringt in die Augen. Zu erklären iſt ſie wohl aus
dem Dialekte: *kären* konnte ſich aus *kärte* (Weinhold pag. 27)
ergeben (vgl. auch Heilborn a. a O.); Rückert pag. 38 verzeichnet *kin* = gegen. Die erſte Klaſſe der *e*-Laute hat im
Schleſiſchen *e-a*, die zweite *e-i*: *kehren* hat ſich lautlich oder
etymologiſch der erſten Klaſſe angeſchloſſen; Opitz lehnt ſich,
wie ſchon im vorigen § gezeigt, inſofern an den Dialekt, als
der erſten Klaſſe der *e*-Laute bei ihm offnes, der zweiten ge-
ſchloſſeneres *e* entſpricht. Die Bindungen *œ ä* : *œ ö* erklären ſich
vielleicht durch die Längung von *o* in *Gott* und damit verbundene
Offenheit der Silbe (vgl. § 42); *verwerren* : *Herren* durch die Sonder-
entwicklung von *Herr*. — Über Einfluß des *r* auf Öffnung einer
Silbe (*kehren, ehren, Herren* cet.) ſ. 2.

2. Es wäre nun innerhalb der beiden Klaſſen eine weitere
Scheidung zu verſuchen. Die extremſten Laute müßten ſich am
leichteſten abtrennen laſſen. Mhd. *œ* findet ſich außer den oben
angeführten Fällen noch in folgenden Bindungen: (links ſtehen
die geſchloſſenen, rechts die offenen Reimſilben; die Schlußſilben
der weiblichen Reime unterſcheide ich nicht)

1. *œ* : *œ*: *kem* : *nem* > *nicht* : *bricht* 151 52;
   (*Mühr* : *wer* a/71),   *Gefehre* : *were*,
   (*bläßt* : *leſt*);

4

2. œ : ë: Geberden : Erden, werden,   drehen : fehen,
          (left : Peft),   (nähen : fehen a/71),
          fchwer : der, her,   verfchmähet : gefpähet,
          Befchwerde : Herde,   wehen : fehen,
          befchwert : gewehrt,   weren : begehren,
          ftett : thet,
          wer' : her,
          (Perfier : her);

3. œ : ē: (left : feft, [beft a/78]), fehlet : zehlet,
          fchwer : Heer, Meer,
          wer' : Meer.

Das andere Extrem der erften Klaffe ift *e*. Hier müffen die Refultate der Unterfuchung unficbrer fein, weil die Grenzen des alten gegen den jungen *a*-Umlaut fchwanken und die Schreibung auf die Laute Einfluß hat (cfr. § 29). Ich berückfichtige alfo zunächft nur unzweifelhaft alten Umlaut und fchließe aus, was a allein bietet. Es reimen folgende *e*- auf *ë*-Silben. (Links ftehen die gefchloffenen, rechts die offenen; Worte mit unficherm *e*-Laut find eingeklammert.)

eb: *gräbet,**
                           (*heben*,†)

eg: *legt,*   (*bewegen,*)
    (*regt,*†)   *degen* (mhd. *e*),
    trägt,   *legen,*†
                           (*regen,*)
                           *Schlägen,**
                           *trüget,**

ek: *fteckt,*†

el: *gefellt,**   *wehlen,*†
    gefellt,†   *zehlen,*†
    geftellt,†

Heldt,†
helt,

ell: Geſelle,†
helle,†
ſtelle,†

em: *grämen,**
*ſchämen,**
*zähmen,**

enn: (*brennen*,†)
erkennen,†
rennen,†

er: Heer,† *beſcheren*,†
Meer,† *nehren*,†
(*verderben, verderbt*,) *verſchweren*,†
erben, erbt,† *wehren*,†
ſtercken, Stärck,† *verzehren*,†
Pferden,†
fehrt,
verheert,
Kertzen,†
*Mertzen,**

et: *Ketten*, cfr. § 31,
Städten? cfr. § 31.

Ich habe noch einiges hinzuzufügen, eh ich die Reſultate aus der voraufgehenden Liſte gewinnen kann. „Zeſen hat ſeinem deutſchen Helicon ein Reimverzeichnis beigegeben, welches dadurch ſprachliches Intereſſe bietet, daß überall zwei Gruppen von *e*-Reimen unterſchieden werden. Da die Schreibung nicht maßgebend iſt, kann die Trennung nur auf Grundlage der dialektiſchen Unterſcheidung des offenen und geſchloſſenen *e*-Lautes vorgenommen worden ſein. Titz, der auch auf dieſen Unterſchied der beiden *e*-Laute im Meißniſchen aufmerkſam macht —, ſtimmt in ſeinen

Beifpielen ganz mit Zefen überein. Die Wörter mit mhd. ë gehören alle zur einen Gruppe, alfo mit offenem e, die mit Umlaut-e zur andern, doch mit zahlreichen Ausnahmen, der offene Laut für den Umlaut fcheint fich im Dialekt durch Analogie weiter verbreitet zu haben —' (v. Bahder pag. 137). Die Reimfilben, die Zefens Anfetzung widerfprechen, find mit einem †, die nicht widerfprechen mit einem * verfehen. Sofort fpringt die Sonderftellung der Reimfilben auf Liquidae in die Augen: Opitz reimt e + Liq. auf ë + Liq.: Zefen nicht. Diefe Abweichung Zefens fpricht dafür, daß jene Opitzifchen Reime auf lautlicher Grundlage beruhen, nicht aus litterarifchen Quellen ftammen. Ich meine: folgende Liquida öffnet das e einer Reimfilbe. Nun vergleiche man die Stellung von *kehren*, *Herren*, *Ehren* § 30,1; ferner: e reimt auf e ë in 11 Fällen vor Liquida in gefchloffener Silbe, in einem Falle vor andern Konfonanten (*leßt* hat Kürze und kann hier nicht berückfichtigt werden). Beftätigt wird meine Annahme durch den Dialekt, vgl. Weinhold pag. 27: (mhd. e:) *zâle*, *Mâr*, *zârn*, (mhd. ë:) *Quâl*, *hâr* cet.*) Vielleicht trägt auch Offenheit der Silbe dazu bei, den Vokal zu öffnen: *Götter* (§ 30,1), *Ketten*, *Städten***). Soweit wird man eine lautliche Annäherung von e zu ë (dialektifch ë a â) annehmen. Natürlich geht fie weiter, als fich zeigen läßt. Aber es bleiben doch gewiffe Worte, wo mir eine umgekehrte Annäherung, wenn überhaupt Annäherungen ftattgefunden haben, wahrfcheinlicher ift: *legt*, *trägt* finden fich unhiftorifch nur mit *pflegt* gebunden, das fein ë durch die fchwache Neubildung *pflege*, *pflegte* in e geändert haben konnte. Zudem erhält fich in den Präfentien der Verba der e-Umlaut am längften gefchloffen (cfr. § 29), und ë in *pfleget* konnte analogifch leicht zu e werden. Ähnliche

*) Ähnliche Erfcheinungen in andern Dialekten bei v. Bahder 104, 111.
**) Eine Parallele giebt das Mnd., das auch mit der Dehnung offener Silben Qualitätsänderungen eintreten läßt.

Störungen werden bei *bewegen, brennen, regen regt, verderben* eingetreten fein.

Vielleicht übt auch folgendes *g* Einfluß, vor dem in Gryphius' Geliebter Dornrofe „das *e* erhalten fcheint' ftatt dialektifch in *a* überzugehn. Cfr. Braune PBB XIII, 576.

3. In der zweiten Klaffe der *e*-Laute ift die Vermifchung vollftändig: man fehe Reimänderungen wie *geht : fteht > erhöht* 16 196, *Gethön : fchön > gehn* 19 137 cet. Ich verfuche keine weitre Klaffifizierung, führe aber die Belege aus a b fämtlich an:

1. *ê : ê :*
   geh : Schnee, See;
   gehe : ehe, ftehe;
   gehn : ftehn;
   mehr : Ehr, fehr; geehrte : lehrte; vermehrt : verfehrt; ehren : lehren, mehren, verfehren; kehret : lehret (a/42! cfr. 1).

2. *ê : œ ö :*
   eh : Höh; ftehen : erhöhen;
   Seele : Höle;
   gehn : Gethön; entlehnen : fchönen;
   mehr : hör; ehrt : hört; lehrt : hört, ftört; verfehrt : hört; ehren : bethören : hören; lehret : höret; mehren : hören; verfehren : bethören, hören;
   geht : erhöht, Röth'.

3. *(œ ö : œ ö >) œ : œ :*
   verföhnen : höhnen, fchönen;
   bethört : gehört; hören : Röhren;
   erhöht : Röth'; Nöthen : tödten.

Abwechfelnd mit *ê* und *œ* gebunden find alfo: *ehren ehrt, gehn, lehren, mehr, verfehren verfehrt; erhöht, hören hört, Röth', fchönen.*

Die Entrundung von *œ* wird durch diefe Lifte deutlich genug. Die Liquidae fcheinen auch hier ihren Anteil daran zu haben. Im Dialekte fehlt ö. Es wird vertreten durch e und i (vgl. Weinhold pag. 53 f.), wahrfcheinlich fchon zu Opitzens Zeit. Aber in ab find ê œ, fo ftreng fie fich von œ — e abfchließen, nicht wie i zu lefen, es find gefchloffene e-Laute: nirgends findet fich eine Bindung oe : i, ê : i (über ö : i § 34). Modifizierungen § 31. Vgl. § 32.

§ 31. Quantität der e-Laute.

1. Aus der Schreibung ergeben fich faft gar keine vom Nhd. abweichenden Quantitierungen, doch vgl. § 26,3,1.

ee kann außer für œ für langen e-Laut jeder Herkunft eintreten:

für mhd. ê in *Klee, leeren* (auch *eh*), *See, Seele, zweene* (*e*);

für mhd. e in *Heer, Lorbeer* (*e*), *Meer*;

für mhd. ë in *Beer* (*e*), *Neeff* (144 44, *Nefe* a/239);

für mhd. œ in *leer, feelig* (*e*).

Ebenfo natürlich *eh*, (*äh*). (Abweichende Quantitierung: *lehrnen* > *lernen* 22 141, 31 108 (: *Sternen*?). *Beth* nur in a, f. 2).

Über Quantitätsbeftimmung durch einfachen oder doppelten Konfonanten vgl. § 26,3.

2. Reime. *ferr* > *her* : *Meer* 53 156;

Ketten : *treten* 37 81; (*treten* : *gebeten*, *Städten*;) Titz führt *kēten* ausdrücklich als fchlefifche, von der meißnifchen abweichende Quantitierung an; Weinhold pag. 37: *Kete*.

Bette : *Trompette* 235 12, vgl. 1; vielleicht hat fich mhd. *bette* noch nicht endgültig in *Beet* und *Bette* gefchieden; cfr *Bette* : *Wette* 236 14. Vgl. § 26,3,1.

Götter : *Väter*, *Verräther*; cfr. § 30, 1.

? *hett* : *geredt*; *bläßt* : *leßt*.

§ 32. Zufammenfaffung.

Ich ftelle, um deutlich zu fein, noch einmal die Ergebniffe der vorigen §§ zufammen. Alle Sonderentwicklungen fchließe ich von diefer Tabelle aus. In den erften Kolumnen ftehen die Kürzen, in den zweiten die Längen.

Mhd.	Drucke (a) b.		Opitzifch.		Schlefifch.		
ä	ä e		ĕ	ê̂	In offner		
ë	e ä	ee, ch	ä e	ê̂ ê	Silbe und vor Liquida	a ë	â ê̂
e	{ e, ä (ö) }	äh	{ e, ë }	ê̂ ê	Öffnung.		
ö (ü)	ö	öh	(i)	ê		i	ê î
æ	ü e ee		ê̂	In offner Silbe	â ê̂		
ê	e ee ch		ê	u. vor Liquida		ê i	
œ	ö öh		ê	Öffnung.			

§ 33. Sonderentwicklungen.

(1. Das alte e haben abweichend vom Nhd. erhalten: *ergetzen, gewehnen* (natürlich *gewöhnlich*); *löfchen* erhält fein e erft in b zurück, z. T. auch *fchwören*; *Hölle* fchwankt; ö haben: *Löffel, fchöpffen, zwölff*. Ein lautlicher Unterfchied wird nicht anzunehmen fein. Vgl. §§ 29,2. 31,3. 32).

2. Eine Spur dialektifcher Lautgebung zeigt fich in *Quell*: *Criftall* a 79, *Quell* a 60, *Quall* b 208, fonft e, dialektifch: *Quâl*. (Weinhold pag. 27).

3. *Finfter > Fenfter* 67 232.

4. *gehn, ftehn* verdrängen in b die Formen *gahn, ftahn*; vgl. die Reimänderungen § 27,2. Schlefifch: *gîn, ftîn* (Weinhold pag. 43).

5. *verwerren* 130 H 41.

fchallen — fchellen: § 72.

i-Laute.

§ 34. ö > i.

Mit diefem Lautwandel entfernt fich Opitz am meiften von der Schriftfprache, hier geht er ganz mit dem Dialekte (Weinhold pag. 41). Tadel und Entfchuldigung diefer Erfcheinung zieht fich durch die Poetiken bis heute. Der Wandel wird bei Opitz nur vor *m* und *n* fichtbar, und zwar in folgenden Bindungen:
Heldinnen > *können* : *Sinnen* 39 83!
gönnt : *fpinnt*; *kömpt* : *nimpt*; *köndten* : *Tinten*;
können : *beginnen*, *gewinnen*, *innen*, *rinnen*, *Sinnen*, *Zinnen* (*gönnen*).

Die Straßburger Ausgabe fetzt ftatt des *ö* im Reime ein *ü*, wohl um dem Lefer ein verftändlicheres Lautbild zu geben; vielleicht liegt auch unbeabfichtigter Dialekteinfluß vor. Zuweilen bleibt diefes *ü* in b erhalten: *vergünnt* : *Kind* 25 188; cfr. § 44.

§ 35. ie > i.

ie ift mit *i* zufammengefallen: Rückert pag. 106, Drechsler pagg. 15 und 23, Arndt pag. 18. Schon F. Frangk betrachtet *e* in *ie* als Dehnungszeichen (Bl. J 8 a). Zum Beweife dienen für Opitz, abgefehen von den Bindungen (vgl. § 37), folgende Schreibungen:

mhd. *ie*: *fligen* 157 59, *hilteft* 148 48, *Liebekofen* b/171, *libften* b/106;

mhd. *i*: *diefen*, *giebt*, *viel* cet., *rieß* 135 J 31, *beftriechen* 138 J 42; und die Änderungen:

mhd. *ie*: *fliegen* > *fligen* 15 241, *jergend* > *jrgend* 89 181, *fchlieffen* > *fchliffen* 41 86 selten; *gieffen* > *gieffen* 156 58, *erkießt* > *erkießt*, *lieblich* > *lieblich* gewöhnlich;

mhd. *i*: *ligen* > *liegen* 126 H 12, *zimlich* > *ziemlich* 88 235; *hien* > *hin* 131 H 42.

cfr. §§ 37, 38.

§ 36. üe, ü > i.

1. üe ift natürlich mit ü zufammengefallen: üe findet fich nicht einmal mehr gefchrieben. Reimbelege unten § 43. Vgl. übrigens Arndt pag. 31 und die dort angegebene Litteratur.

2. Daß ü feinerfeits zu i geworden ist, ergiebt fich außer aus den Dialektzeugniffen (F. Frangk bei Müller pag. 106, Weinhold pag. 57, Drechsler pag. 19) aus Reimänderungen wie: *rum : an > entzückt: geblickt* 21 139, *genieffen: fchieffen > Flüffen* 23 142 und den maffenhaften Bindungen von ü üe mit i î ie. Es finden fich z. B. auf den ganz beliebig herausgegriffenen Seiten b 111—120 (und den in a entfprechenden) folgende 6 *i(ie): ü(üe)*-Reime: *Bild: füllt, ziehen: mühen, Kriegen: Genügen, Zier: für, gebiehrt: verführt, Liebe: trübe*. Auf denfelben Seiten ftehen 10 reine *i*-Reime, 2 *i:ö*-Reime, 4 reine *ü*-Reime; es find alfo der hiftorifch unreinen Reime mehr als der reinen. Noch deutlicher tritt das in ‚Zlatna' hervor. Da kommen auf 2 *ü*-Reime 12 *i:ü*-Reime und 36 *i*-Reime (+ 4 *i:ö*-Reime), alfo fechsmal foviel unreine als reine *ü*-Reime, und die zahlreichen *i*-Reime find nur dreimal fo häufig, d. h. Opitz macht für den Reim keinen Unterfchied zwifchen ü und i. Und da er felbft bei gleichem Zeichen *e* einen Lautunterfchied beobachtete (cfr. § 30), hätte er bei doppeltem Zeichen um fo ficherer mit der Schrift Trennung der Laute angenommen, wenn die Sprache einen Anhalt bot. Weinholds litterarifche Belege für ü (pag. 57 f.) beweifen nichts. Im modernen ftädtifchen Dialekte mag allerdings durch den jahrhundertelangen Zwang der Schriftfprache Trennung von i und ü, wenigftens in gewiffen Fällen, herbeigeführt fein.

Ich füge der Vollftändigkeit wegen noch die orthographifchen Belege für den Zufammenfall der Laute an: (*außbindig* a/A 21), *erfchillt > erfchüllt* 11 36, *gebührt > gebiehrt* ‚decet' 238 16, *hiebe* = mhd. *hiebe* b 96, *fchütten > fchitten* (: *Mofcowiten*) 156 58, *Thier > Thür* ‚janua' 53 156.

3. Neben folchen nur orthographifchen Schwankungen, die auch ihrerfeits zur Grundlage fpäterer wirklich lautlicher Neubildungen und Doppelformen werden konnten, ftehen andre auf älterer Doppelformigkeit beruhende, die von Opitz papieren weitergegeben wurden: denn auch fie konnten nach dem Zufammenfall von *ü* und *i* für ihn nur orthographifch fein: *erwifcht > erwüfcht* 69 154, *entwüfcht* b/90, *Hülffe* b/F 41, (*Küffen* a/A 12,) *Küttel > Kittel* 13 38, *lügen > liegen* 157 59 cet., (aber Subft.: *Lugen > Lügen* 58 147, mhd. *ü*), *fchlipffrig > fchlüpffrig* 11 35, *fchlüpffrig* 45 114, *Sprichwort* 233 10, b/25, *triegen* 23 142, b/225 cet. *trieglich* a/A 22, *wifte* a/42 cet. — Sonft ift der nhd. Lautftand erreicht.

§ 37. Quantität nach den Reimen.

Ich ftelle diesmal die Reime voran, um überhaupt die Schreibung beurteilen zu können; denn diefe hat für *i* großenteils befondere Quantitätsbezeichnungen, die fich nicht allein durch die Analogie der übrigen Vokale deuten laffen.

ild. wild : hielt; hilt Weinhold. pag. 123.

iff? Schiff : fchließ, Tieff; Tieff : Schiff > feyn : ein 61 116; *vertifft* Weinhold pag. 40.

il. ftill : wil > ān : kān 61 116 (cfr. § 27); *wil : Spiel, viel, Ziel;* Titz: *wil,* Weinhold: *wīl.*

ichen. gewichen : Griechen ; riechen : beftriechen; Buchner: *ricchen* mit *ĭ*, Weinhold: *rĭchn.*

iſſen. büſſen : Flüſſen, genieſſen, (griffen,) grüſſen, küſſen, fchlieſſen; flieſſen : Füſſen, geriſſen, gieſſen, lieſſen, müſſen, fchieſſen, fchlieſſen, wiſſen; Flüſſen : genieſſen, gieſſen, grüſſen, Narciſſen, fchieſſen, wiſſen; Füſſen : gieſſen grüſſen; genieſſen : geriſſen, grüſſen, müſſen, Narciſſen, fchieſſen, wiſſen; geriſſen : gieſſen, lieſſen, fchlieſſen; gieſſen : fchieſſen, fchlieſſen, wiſſen; grüſſen : küſſen; küſſen : fchlieſſen, wiſſen; lieſſen : fchlieſſen; müſſen : wiſſen; Narciſſen : fchieſſen;

ſchieſſen : ſchlieſſen, wiſſen; Buchner: genießen mit i; Weinhold: biſſn, genüſſn, gĭſſn, grĭßn, lĭßn, ſchĭßr. Vgl. § 38, 3.

ĭſten. Wüſten: Brüſten (: rüſten), Lüſten, niſten; Weinhold wĭſte.

īn. Ich ſtelle die ſichern, durch Titz und ſonſt bezeugten Längungen voran: Opitz ſcheint hier mehrere Male dialektiſch unrein gereimt zu haben: Titz: hīn, bīn; Weinhold: Gewīnn, Sīnn; Änderungen: Sinn : hin > ziehn 53 156, Hertz : Schertz > Sinn : bin 53 157, hin : verdien > bin 54 158, werd : Erdt > Sinn : bin 65 143, Sinn : Freundin > ein : ſeyn 23 142. bin : Gewinn, hin, Medicin, Rubin, Sinn, Wien (a : Schäfferin, unrein?); hin : Gewinn, grün, ihn, kühn, Medicin, Rubin, Sinn, Wien, ziehn. Gewinn : Sinn; Sinn : ihn, im (unrein?), Robin, Wien, ziehn. Beginn : jhn (unrein?).

īß. ließ : rieß (Weinhold rĭß).

ĭcht. nicht : gericht > Liecht 31 108, all : Saal > Liecht : bricht 32 117; Liecht : gebricht, gericht, Geſicht, nicht.

ĭſt. ſendt : endt > erkieſt : iſt 36 146; iſt : erkieſt; Titz: īſt. Cfr. Heilborn PBB, XIII pag. 568 Anm.

(ĭſt. biſt : Friſt, gegrüßt, Liſt; vgl. -ĭſſen.)

Ergänzungen im folgenden §.

§ 38. Quantität nach der Schreibung.

1. Die Geminata von i iſt y = ij (j vertritt im Anlaute i und j). Vgl. Wilmanns Orth. pag. 86 f. und die dort angegebene Litteratur. Dieſen Wert hat y bei Opitz verloren. Es ſteht nur in Fremdworten und in ey (vgl. § 52).

(y = griech. υ iſt natürlich wie ü gleich i. In (a/b tritt häufig i dafür ein, wie e für œ: auch ein Zeichen der Entrundung; vgl. Endymion > Endimion 82 163, Chriſolithen > Chryſolithen 96 214, Cipriſch, Hiacynthe, Myrten : Hirten, Scythen : ſchütten cet.).

2. Über Dehnungs-h ſ. § 26,2. Es lehrt keine von der modernen abweichende Quantitierung kennen.

3. Daß *ie* einen Monophthongen bedeute, daß fich infolgedeffen die Zeichen *i* und *ie* verwirren, ift fchon gefagt: § 35. Es handelt fich nun darum: hat das *ie* quantitative Bedeutung? Das hiftorifche *ie* nicht ohne weiteres, wie fich leicht aus § 37 ergiebt. Es bezeichnet bald langes, bald kurzes *i*. Kurzes *i* ift wohl auch anzunehmen in *gieng, fieng* (in a auch *ging*; cfr. *Ding* : *gieng*), *jergend, niergend, (jrgend, nirgend,) jetzt, jtzt, (jetzt : nützt* 227 3,) *Licht* > *Liecht* z. B. 16 195. — *cexiren, tireliren* neben *rexieren* cet. Sonft ift die Schreibung *i* für mhd. *ie* nicht häufig: vgl. außer § 35: *Krige* (nach Weinhold 7); *krig* Conj.; a: *Grich* cet.

Dem unhiftorifchen *ie* wird man von vornherein quantitative Bedeutung beimeffen. Aber bei den fchlefifchen Lautverhältniffen wird man doch fragen müffen: ift die Übertragung des Zeichens *ie* auf den Laut *i* von $\bar{\imath}$ (= mhd. *ie*) oder von $\breve{\imath}$ (= mhd. *ie*) ausgegangen? Aus den Reimen hat fich als unzweifelhaft ergeben, daß unhiftorifches *ie* kurzes *i* bezeichnen kann. Reime wie *Griechen : gewichen, riechen : beftrichen* können diefe unhiftorifche und obendrein vom gemeinen Brauche abweichende Schreibung verbreiten. Es tritt hier ein ähnlicher Fall ein wie der oben behandelte der Längen vor Doppelkonfonanz: es gab im Dialekte zahlreiche $\bar{\imath}$, die der hergebrachten Technik gemäß durch *ie* wiedergegeben wurden. So hörte *e* in *ie* für den Schlefier auf, Längezeichen zu fein. Ein befonders fruchtbarer Boden für Analogiebildungen mit *ie* = $\bar{\imath}$ mögen dann die Reime auf *-iffen* gewefen fein, die ich auch oben vollzählig aufgeführt habe. Danach konnte dann gefchrieben werden: *gebieffen* b/C 32, *befliffen* > *beftieffen* 60 115, *giffen* > *gieffen* 156 58, *geriffen* > *gerieffen* 233 10. (*gerieffen* > *geriffen* 135 J 31, *fchmieffen* > *fchmiffen* 156 59 zeigen die Unficherheit und daß *ie* fchon in der Vorlage von a ftand.) Ferner: *beftriechen* 138 J 42, *gewiechen* > *gewiechen* 127 H 21, *verwiechen* a/119, b/K 32, *verbliechen* b/a 22, b/65, b/202, *verglichen* > *verglicchen* 80 208, *verglichen* a/36, *verglichen* b/B 32, b/L 12, b/211; *Schiff* b/192, *Schiff* > *Schieff* 157 59 x, (*Schieff* >

Schiff 38 82,) *ficht* 27 229 cet. (Weinhold *ī*), *Wider* > *Wieder* ‚aries' (*ī*?) 14 39.

Ebenfo unzweifelhaft ist es aber, daß unhiftorifches *ie* Länge bezeichnen kann. Man vergleiche: *hieu* > *hiu* 131 II 42, *Schmied* 231 8, *Zinn* > *Zien* 231 8 (Titz: h̄īn, *fchmīd*, z̄īn); *gib* > *gieb* 62 232; *Griff* > *Grieff* 154 55, *Grieff* b/106, *Begrieff* b/A 11, b/G 21, *griff* > *grieff* 150 52 (Weinhold: *gib*, *Grif*, *grif*); *vergieß* b/202, *befließ* b 159, *ließ : rieß* b/168 (Weinhold: *vergiß*, *biß*, *riß*, *fchniß*); *begierig* > *begiehrig* 86 160; *difer* > *diefer* 67 218; *gebiert* > *gebiehrt* 68 118; *ligt* > *liegt* 24 143; *giebt : betrübt* b/229; *ligt* > *liegt : begnügt* 20 139, *kriegt* 44 113, *verfügt* 17 149. Ich gebe nicht viel auf diefe Quantitätsbeftimmungen: fie find unficher. Natürlich: Opitz war fich auch unficher.

ie ift alfo in b ungleich häufiger als in a: b fetzt mhd. *ie* oft wieder ein, was ein etymologifch-lautliches Erkennen zu bedeuten fcheint, läßt aber zugleich ganz unhiftorifch *ie* für *ī* und *ĭ* zu. Ich meine, das ift nur fo zu erklären: *ie* hatte in der md. Vulgata den Wert *ī*. Aber diefem *ī* entfprach nicht felten ein fchlefifches *ĭ*. Der Schlefier konnte alfo in Verfuchung kommen, *ie* auch als Zeichen des *ĭ* zu betrachten und auch *ĭ* = mhd. *i* durch *ie* wiederzugeben. Zu diefer Annahme ftimmt, daß in a *ie* für *ĭ* fo felten ift.

4. Zu *ie* kann noch ein *h* treten, wofür einige Beifpiele unter 3.

5. Natürlich kann, wie auch fchon aus dem Vorigen folgt, *i* allein Länge bezeichnen. Abweichende Kürze bedeutet es wohl in *Krige* b/b 21, *gefigt* a/239 (Weinhold *Krick*, *Sick*).

§ 39. Sonderentwicklungen.

Fernewein 236 14.

ftirbft > *fterbft*, *milckt*, *brinne* u. ä.: § 72.

Finfter > *Fenfter*, *verwirren* > *verwerren*: § 33.

O, u.

§ 40. *uo* > *u*.

uo ift monophthongifch geworden: es reimt fich auf *u* in folgenden Fällen:

Fuß : Fluß 133 J 21, 160 64; *Gruß : Kuß* b/89; *mus : Fluß* 145 45, *Kuß* a/97; *Ruh : nu* b/106; *thun : nun* 134 J 22; *verfucht : Flucht* a/29; *zu : du* a/75, *nu* b/177; vgl. *muften : Often* a/72.

In der Schreibung finden fich noch Spuren der früheren Lautverhältniffe: die Zeichen *ue*, *ů* und *ü* < *ů* = *ue* : *guet* > *gut* 122 G 31, *Rhue* (einfilbig) > *Ruh* 2251, *zue* > *zu* 122 G 31 cet.; *Hut* > *Huet* 13 38, *Pful* > *Pfuel : Stul* > *Stuel* 135 J 31, *Ruh* > *Ruhe* (einfilbig) 92 185; *Schue* b/219, *Schuel* b/91 cet.; *berümbt* a/9, *Gemüte* > *Gemüte* 225 1, 237 15, *zü* > *zu* 149 50. Aber diefer Laut ift ftets einfilbig und es finden fich auch hiftorifch unberechtigte Schreibungen: *Stöer* > *Stör* 13 38, *hofft : Lüfft* > *Lufft* 82 163, *kundt* > *kündt' : verwundt* 3 133. Später wird *ü* Umlautzeichen, a b fchwanken noch, können auch den Umlaut durch *u* wiedergeben. Im Anlaut fteht für mhd. *uo*, *u*, *ü* regelmäßig *v*.

§ 41. Wechfel von *u* und *o*.

Diefer Wechfel ift im Schlefifchen verbreitet: Weinhold, pagg. 49 und 54.

1. Nach der Schreibung.

Bronn > *Brunnen* 67 232, f. 2;

toppel 138 J 42, *duppelt* b/92, b/166;

dorffte, regelmäßig *dörffteft* > *dorffteft* Ind. 56 193;

Furcht 148 48, fonft gewöhnlich *Forcht* > *Furcht*, z. B. 24 228, 47 112;

begunnt 158 61;

Hold und *Huld* stehen neben einander, b zieht *u* vor (*o* ≻ *u* z. B. 48 161) und hat *o* faſt nur noch im Reime (z. B. 82 163);

kundte 48 161, b/219 cet. neben häufigerem *kondte* (z. B. a/42, b/93);

Kunrath b/a 42;

Robin 96 214, *Rubin* b/211;

geropfft (: *gepfropfft*) 12 36;

trucken, trucknen regelmäßig: 4 134, 20 139 cet.;

Trummel 145 45, 235 12;

Trutz, trutzen b/211 neben *Trotz, trotzen* 8 153, 9 240;

embſonſt z. B. b/66, nur im Reime noch *embſunſt*, z. B. b/220 im Sonettenreime, *ſunſt* 227 3.

2. Reime zwiſchen *o* und *u* finden ſich folgende:

-ond : -und. beſonder : *Wunder* 145 45;

-off : -uff. *hoffen : ruffen* b/87;

-ock : -uck. *gelocket : gedrucket* 9 239;

-omm :-umm. *kommen : ſchwummen* b/D 41, *verſtummen* b/171, *Summen* 7 152, 132 J 11;

-onn : -unn. *Sonnen : Bronnen* ≻ *Brunnen* 13 38, *Bronnen* ≻ *Brunnen : können* ≻ *konnen* 15 241, *Brunnen : gerunnen* ≻ *geronnen* 12 37, *Brunnen : Sonnen* b/87, b/179, b/244 (*Bronnen : Sonnen* 30 107, *Brunnen* ≻ *gerunnen* b/243), *geſonnen* 74 155; *verbrunnen : Sonnen* b/E 41;

-ocht : -ucht. *mocht : Flucht* a/43;

-offt : -ufft. *gehofft : Klufft* b/D 41, *Lufft* b/E 22, b/G 41, 61 116, 82 163 u. ö. (cfr. *Lufft : geruft* 133 J 12, *geruft* b/B 22);

-olt : -ult. *ſolt* ≻ *Geduld : Schuld* 54 157, *ſolt : verſchuldt* ≻ *kan* (*ū*) : *gethan* 58 147, *ſolt : Geduld* 18 150, 22 141;

-oſt : -uſt. *Froſt : Luſt* b/180; *Koſt : Bruſt* b/B 22, *Luſt* 84 193, b/189 u. ö.; *Moſt : Bruſt* 152 53; *Roſt : Luſt* b/75, b/169 (cfr. *Luſt : gewuſt* 26 189); *Oſten : muſten* a/72.

Auffällig ſtark iſt die Beteiligung von b. Opitz ſchwankt offenbar, welches die richtige Lautgebung ſei, er iſt noch gänzlich in den Banden des Dialektes.

Über *golten, erhuben, beſunnen, gebrunnen, gerunnen* u. ä. vgl. § 72, *gulden* § 43.

§ 42. Quantitierung.

1. Über Ergebniſſe aus der Schreibung vgl. § 26.

Von der modernen abweichende Quantitierungen ergeben ſich aus der Schreibung ſonſt nicht. Ich füge nur hinzu, daß in der Regel nach *u, ü* < mhd. *uo, üe* kein Dehnungs-*h* ſteht. Zu *Orth* cfr. Weinhold pag. 51.

2. Aus den Reimen ergeben ſich für *o, u* folgende abweichende Quantitierungen:

ō*ch*. *hab : ab* > *zoch : Joch* 22 141; *doch : Joch* a/37, b/165, *noch* 34 230; *hoch : noch* 159 62; *Joch : noch* 41 85, b/198, *zoch* b 141 (Titz: *nōch [rōch, lōch]*, Weinhold: *dôch*);

ō*l*. *ſol : rol* b/D 32, b/D 42, 132 J 11 u. ö., *wol* a/70, 145 45, 240 17 u. ö., *Zoll* b/E 42 (cfr. *zollen* > *zohlen* 24 209, *zohlen : Violen : beſtohlen : holen* 24 209); *roll : Tiroll* b/66, *toll* 160 63, *wol* 144 44, 41 85 u. ö. (Titz: *ſōl*, Weinhold: *ſôl, rôl, wûl*);

ō*n*. *davon : Kron* 153 55, *Lektion* 26 188, *Lohn* b/223, *ſchon* 8 153, *Sohn* b/89 (Titz und Weinhold: *vôn*);

ō*s*. *bloß : Schloß* 230 6, 130 H 41 (cfr. *bloß : loß, Schoß*); *Schloß : Schoß* b/179 (cfr. Weinhold: *Schlôß, yôß*);

ō*t*. *Gott : Iraphiot* 160 63, *Noth* 126 H 21, 150 51 u. ö., *verſpott* 134 J 22, *Todt, todt* 63 119, 137 J 41; *Noth : Spott* 131 H 42, 157 59; *Spott : Todt* 54 158 (Titz: *Gôt*, Weinhold: *Gôt, Spôt*);

ö*ff*, ü*ff*. *hoffen : ruffen* b/87, vgl. § 41,2; *rufft : Lufft* 133 J 12 (Weinhold: *ruffen*);

ū*s*. *Fluß : Fuß* 160 64 u. ö, *muß* 145 45; *Fuß : muß* 159 62; *Kuß : Gruß* b/89; (Titz: *flūs, grūs*, Weinhold: *Flûß, mûß, Kûß, Fûß*);

ncht. ſucht: *Flucht* a/29, *Frucht* b/E 22, *Zucht* 7 152 (Weinhold: *ſuchen*).

ütt? *Rutten : Stutten* 235 13 (Weinhold: *Rutte*).

Die dialektiſchen ō-Reime ſind ganz beſonders häufig in den Stücken, die ſchon vor 1624 einzeln veröffentlicht waren, das wird aus der Liſte oben deutlich (121 G 22 142 K 21, 143 43—160 64 cet.). Später hat ſich Opitz offenbar mehr vom Dialekte abgewandt.

§ 43. Grenzen der *o — u*-Laute; Umlaut.

1. Zeichen für den Umlaut von *o* ist *ö*, zuweilen, beſonders in a, auch *o*: *kompt* ⇒ *kömpt* iſt ziemlich regelmäßig, ſelten auch in b noch *kompt*. (Der Umlaut iſt durch die Reime ſichergeſtellt cfr. § 34.) Aber ſchon daraus folgt, daß die Abgrenzung nach der Schreibung nicht durchaus ſicher iſt. Abweichungen vom Nhd.:

baumwöllin b/66,	(*Brodten* 124 G 41,)
födern b/242, *fördern* b/E 41,	*mocht* Conj. a/43,
cfr. § 21,	*offentlich* b/A 12,
Köhl ⇒ *Kohl* 13 39,	*offters* b/97, b/179, b/180,
kompt ⇒ *kömpt* im Reime regelm.,	*erroten* b/L 12,
Oberſt ⇒ *Öberſt* 127 H 21 (Ed. I : *Ö*),	*Vogeln* b/104,
förglich b 118.	

Möglich, daß auch Druckfehler einſpielen. Die Reime, die für Umlaut beweiſen, findet man in § 34. Daneben ſtehen im Reim gewiſſe umlautloſe Formen, die neben den dialektiſchen (*i*-) Formen wohl ſchwerlich mehr lebendig waren, aber vielleicht auf alter Tradition beruhen: *können : Bronnen : Sonnen : Wonnen* 80 208 (Sonett); *gonnen : Sonnen* b/227 cet. cfr. § 41, 2. (Mhd. und obd.: *gunnen, kunnen*.)

2. Über die Schreibung des Umlauts von *u*: § 40. Danach müſſen ſich die Ergebniſſe aus der Schreibung z. T. widerſprechen

und nnlicher fein. Ich ziehe deshalb die Reime zugleich heran.
(Über *u : ü* vgl. Poet. Neudr. 40.) Abweichungen vom Nhd.:

u > ü und *ü*.	*ü > u* und *u*.
anmütig a 33,	*anmütig > anmutig* 75 207;
Burger > Bürger 5 136, 9 239;	
truckt > drückt 32 108,	*gedrucket : gelocket* 9 239;
gedrückt : geschmückt b/90,	*druck* Imp. a/48, *druckten* b/E 32, *gedruckt* 40 84, b/32;
gedürfft 36 230, meist *u, o* cfr. § 41, 1:	
beduncket > bedüncket 3 134, 17 149;	
fluchtig > flüchtig 230 7;	
fürchtsam b/104, cfr. §§ 41, 44,	*Fürchte > Furchte* 141 K 21;
gesunder > gesünder 13 39;	
vergünnt : Kind 25 188, cfr. § 34,	*vergunt : Hund* 156 59, *Mundt* b/166, cfr. § 34;
gulden > gülden 2 133, 31 108 u. ö., *gülden* 39 83 und gewöhnlich a b;	
Jude > Jüde 124 G 42 (Ed. pr.: *u*);	
	Judlandt a/119;
	verjunget b 94;
	Küche > Kuche 229 5;
können, künnen cet. vgl. §§ 34, 44, Conj.	*kündt > kundt' : Grund* 4 135, *kundt : Mundt* 4 134, *kundt > kündt : verwundt* 3 133, *kündt : Mundt* a/16, *kundt* a/24;
erkünden : finden 139 K 12,	*erkunden : gefunden* 159 62; *hofft : Lüfft > Lufft* 82 163, vgl. §§ 40 u. 41, 2, *lüfftig > lufftig* 23 142;
Lugen > Lügen 58 147;	
	Mundelein a/48;

muſſen > müſſen   müſt > muſt 19 138, 24 209,
137 J 41. 147 47, 228 4,   muſt 233 10 Ind.; müß >
                            muß 6 206, muſt' 234 11
                            3. Sg. Conj.;
nützen : ſchützen : beſitzen   nutze a/119;
: ſpitzen 52 208, genützt :
jetzt 227 3, nützt : ſitzt
b/76;
                            zu ruck a/A 11 (ſonſt ü), geruckt
                            135 J 31;
Stuck > Stück 4 135;
ſtunden > ſtünden Conj. 65 143;
                            Stul b/D 32;
(üben > eben : lieben 128 H 31;)
                            wuſtig b 233;
entzückt : geblickt b/167,   verzuckt b/D 11,
gezücket : erquicket b/F 12.

Es ergiebt ſich alſo, wenn man die oberdeutſchen nicht umgelauteten Konjunktive und die Formen, die vom Md. abweichend obd. ſind, abzieht (nach v. Bahder: *Burger, drucken* (= *drücken*), *gulden, gunnen, Jude, Kuche, Luge, Oberſt, rucken, Stuck*), daß Opitz faſt ganz den heutigen Lautſtand erreicht hat.

§ 44. Wechſel von *ö* und *ü*.

Neben dem Wechſel zwiſchen *o* und *u* ſteht, wie zu erwarten, einer zwiſchen *ö* und *ü*. Nur wird dieſer bei dem teilweiſen Zuſammenfall von *ö* und *ü* in *i* noch weniger lautliche Bedeutung haben: vielleicht noch feinerſeits dadurch zur Verwirrung von *o* und *u* beitragen. Jener Wechſel wird beſonders unterſtützt durch die ſchleſiſchen Dialektverhältniſſe (*u* > *o*: § 41), dieſer durch das Oberdeutſche und das Schrifttum.

dörffen 3 134, b/B 31, b/180 cet., | ohne Bedeutungs-
dürffen 6 206, 36 230 cet. vgl. § 41, 1, | differenzierung;

förchten > fürchten gewöhnlich, z. B. 59 148, *förchten* z. B. noch b/221;
günnen, künnen a, *gönnen, können* b: cfr. § 34;
kümpt > kömpt cfr. § 34.
vermügen : kriegen 149 50, *unmüglich* b/77;
Sonft nhd. Lautftand (vgl. *Stöer > Stör* 13 38). —
Über Wechfel zwifchen *o* und *u*: § 25.

au.

§ 45. Zeichen und Laute.

1. *au* und *aw* bezeichnen die Entfprechungen von mhd. *ou û* ohne Unterfchied. *w* in *aw* ift bedeutungslos. Dem *w* in mhd. *ouw, ûw* entfpricht zwar fehr regelmäßig wiederum *w*. Es fteht auch — hiftorifch berechtigt oder nicht — an der Silbenfcheide und ließe fich als ihr Produkt auffaffen. Andrerfeits fteht es aber in ganz urfprünglichem Inlaute (z. B. *Bawm*). Solche lautliche Bedeutungslofigkeit ftimmt mit dem Dialekte. Cfr. Rückert pp. 87, 91, 114, 130, Drechsler 27, Arndt 35.

2. *au < ou* und *au < û* werden fkrupellos gebunden: *Brauch : auch* 38 82, *Haut : gefchaut* 147 48, auch *Gelauff : auff* (neben *eff*) 15 241. Auf den beliebig herausgegriffenen Seiten b 150—199 finden fich gebunden mhd. *û : u* 1mal, *ou : ou* 4mal, *ou : û* 2mal. Im ‚Buche der Sonneten' ift *au* in den Vierreimen zweimal unhiftorifch, keinmal hiftorifch, in den Reimpaaren einmal hiftorifch, einmal unhiftorifch gebunden.
Mhd. *û, ou* find alfo zufammengefallen.'

§ 46. Grenzen des Umlauts.

1. Mhd. *ou, öu*.
eräugt : erzeigt a/70, 66 144;

Baum > Bäum' 75 219, fonft Umlaut;
verdawen > verdäuen : fcheuen 236 14;

glenben : bleiben 58 147,
fchreiben b/C 11,

Haupt > Häupt 15 241,
75 207,
erleuben : bleiben 6 206,
fchreiben 98 96;
leufft : teufft b/243,
Läuffer 160 63, *Leuffte* b/32;
weitleufftig b/G 21, b/20;
träumen a/62, b/180;
cfr. v. Bahder pp. 216 ff;
Stäublein 67 218, *verftäubt*
38 82;
täuffen a/43, b 214,
teufft : leufft b/243;

zäumen a 86, *eu > äu* 154 55.
2. Mhd. *ou, öu* oder *û, iu*.
Gereufche : Breufche (Fluß)
b/90,
Gereufch > Geräufch
23 142,
Geräufche b/91, b/243 u. ö.;
fcheumig 156 58, *fchäumt*
b/B 11;
Seule b/66.
3. Mhd. *û, iu* (Umlaut).

Mäurer 231 8;
gereumet b/D 11;

Gauckeley 237 15;
glaubt : erlaubt, 144 44, *au oder eu?*
glauben : berauben 150 52,
b/B 21;
Haupt > Häupt : geraubt 126
H 12, *Haupt* 66 144, b/68;

laufft 19 138, 37 81, 82 163,

Tauff, getaufft 137 J 41.

verzaubert a/A 11;

bereufcht > berufcht 88 235,
Geraufche a/119,

dauchte 21 139, 150 51, cfr.
daucht > dünckt 57 231;

gefäubert 141 K 22, *gefaubert* b/F 12; *fäumen* a/62, 64 119 (: *träumet*).

4. Viele der nicht umgelauteten Formen find als fpeziell oberdeutfch zu erweifen (*gaukeln, Haupt, erlauben, lauft, zaubern*); trotzdem ift aber die Grenze des Opitzifchen Umlauts fehr breit und unficher. Aus der Schreibung *äu* ift infofern nicht ficher zu fchließen, als fie, wie die Reime zeigen, fälfchlich auch für unumgelautetes *au* eintritt; umgekehrt fteht *au* auch für *äu* (vgl. *Haupt, Geraufche*). — Vgl. v. Bahder pg. 213 ff.

§ 47. Sonderentwicklungen.

Oftern > *Auftern* 13 38; *blo* a/74, fonft *blau, blaw*.

auff fteht neben *uff* in b häufiger als in a. Doch ift *vff* auch in b fo verbreitet, daß man nicht fagen kann, es fei aus a verfchleppt. *uff* ift überdies md. und obd. —

Über *durchlaucht, rauen* u. dgl. vgl. § 50.

eu - Laute.

§ 48. Nach der Schreibung.

Die Entfprechungen des mhd. Diphthongen *iu*, des *û* und feines Umlauts *iu*, des *ou* und *öu* — ich fehe jetzt von *eu*, *ui* und anderen Sonderentwicklungen ab — werden in ab wiedergegeben durch *au, aw, äu, äw, eu, ew*. Über das *w* in *aw* vgl. § 45; dasfelbe gilt für *äw* und *ew*. Über *au* = *äu, eu* vgl. § 46. Es bleiben alfo zu behandeln *äu* und *eu*; die Nebenformen *aü, eü* u. dgl. find gleichgiltig. Die Belege von *äu* find, denke ich, vollzählig aufgeführt. Damit ift zugleich das Gebiet von *eu* umfchrieben; ich habe alfo von *eu* nur die augenfälligften Abweichungen von der heutigen Orthographie angegeben.

1. *äu* für den mhd. Diphthongen *iu* findet fich nicht, wenn man nicht *Käule* b/219 hierher zählen will.

2. *äu* für mhd. *ou, öu*: *Äugelein > Eugelein* 3 133 u. ö., *verdewen > verdäwen* 236 14, *gezeumt > gezäumt* 154 55; *Äugelein, eräugt, Bäume, Fräwlein, Häupter, Läuffer, fäugen, Stäublein, Träume träumen.*

3. *äu* für mhd. *û, iu: Gebew > Gebäw* 56 193, *Breutigam > Bräutigam* 31 107, 67 118 u. ö., *leutert > läutert* 82 163, *Gereufch > Geräufch* 23 142, *Seufftzer > Säufftzer* 67 218, *Gefteude > Geftäud* 11 36; *Gebäw, bräuchlich* (a), *Bräutigam, häuffig gehäufft, Häufer Häufftgen, Kräuter, Mäuler, Mäurer, Geräufch, geläubert, Säugling, fäumet, fchäumt, Täubelein* (a), *täuffen.*

Häw b/B 32, *Hew* b/B 31. (*Käyferl.* 225 K 42, *Keyferlich* 227 3.) *Feiftigkeit > Fäuftigkeit* 69 233.

eufferlich, eufferftem, glauben (nirgend *gläuben*), *Heuler, Streuch*`.

Danach hat *äu* keine eigne lautliche Bedeutung abweichend von *eu*. Neben vielen Schreibungen mit *äu* ftehen folche mit *eu*. In den Änderungen wird *äu* öfter für mhd. *û, iu* eingefetzt, als für *ou, öu*, was lautlich kaum erklärlich ift. Dagegen ift noch einigermaßen zu erkennen, daß *äu* Zeichen des nicht ifolierten Umlauts ift (vgl. *ä* § 29). Dahin zielen faft alle vorliegenden Änderungen. Dann find alfo die fämtlichen *eu*-Laute zufammengefallen: vgl. § 49. — *öw* § 13.

§ 49. Nach den Reimen.

Das wird durch die Reime beftätigt. Zu weiterer Unterfuchung reicht das Material nicht aus. *eu*-Reime finden fich in b noch folgende:

1. *eu < iu : eu < iu* (Diphth.): *beuget : zeuget; fleuft : geuft, fcheuft; heute : Leute; Rewe : Trewe;*

2. *eu < iu : eu* andrer oder zweifelhafter Provenienz (umgelautetes mhd. *û, ou, ûw, ouw*): *leuchten : feuchten; vernewen : frewen; vernewet : frewt; Schew : Gebäw; fchewen : Lewen, verdewen; zeuget : gefeuget;*

3. mhd. öu : öu : *Bäumen : träumen;*
4. mhd. öu : *û*: *träumt : fäumt.*

Merkwürdig ift, wie ftark altes *iu* in den Reimen vertreten ift; es bindet fich mit *eu* der verfchiedenften Art. Ich nehme alfo an, der Reim macht keinen Unterfchied zwifchen den *eu*-Lauten. Vgl. § 51.

§ 50. *au, eu < iu*.

durchluuchten b/77, b/81 u ö,
rawe Conj. b/176,

breuen 150 51;
durchleuchtigen b/a 21;
Rewe : Trewe 87 160;
Vertrewlichkeit b/74 x, *Trewe regelm.*

Sonft nhd. Lautftand.

§ 51. Übergänge zwifchen *eu*- und *ei*-Lauten.

1. Schreibungen.

mhd. *ew, eu:*
mhd. *iu: Beule > Beile* 153 55;
   Euter > Eyter 14 39;
   heunt > heint' 6 150,
   heint a/61;
   erzeigen ‚gignere' 232 9;
mhd. *ou, ei:*

Freide > Frewde 147 48;
befchleißt > befchleußt 125 H 12;
zeicht > zeucht 152 53, fonft *eu*:
verleuret, fchleuft cet.: § 72,5;
Zeig > Zeug 157 59;

erzeygt > erzeugt 80 208 (ver- fchiedene Verben?),

mhd. *ei:* (*faift > feift* 11 36,) *Feiftigkeit > Fäuftigkeit* 69 233,
mhd. *i: Hewrath > Heyrath* 84 194;
   (*Reuter* 124 G 42, 128 H 22, b/B 11).

2. Bindungen von *eu* und *ei* werden als fehlerhaft empfunden. b befeitigt sie möglichst:

eu : ei < mhd. ei: Freudt > weit: -keit 17 214, *erfreut : Leid > verneut* 22 141, *Frewd : beyd* a 54, *leuget : gezeiget* a 57;

eu : ei < mhd. *i*: *Schew* > *frey : fey* 10 240, *Freudt* > *Leid*
: *Zeit* 18 149, 50 210, *beugen* > *reigen : Zweigen* 23 142; *ereuget*:
geneiget > *erzeigt : geneigt* 63 217.

Trotzdem find in b nicht weniger als 43 *eu-ei* Bindungen
übrig geblieben: *Löwen : befreyen* a 44, *betreugt : zeigt*, *Freuden* :
weiden, *Frewd : Leid*, *geftrewt : gemeyt* cet.

3. Diefe Widerfprüche der Schreibung- und Reimergebniffe
(1 u. 2) erklären fich nur durch den Dialekt: Das Schlefifche
hat für die beiden Diphthonge *eu* und *ei* nur *ei* mit Ausnahme
gewiffer Sonderentwicklungen (namentlich für mhd. *iu*: Weinhold p. 62, cfr. § 49). Der Zufammenfall braucht zu Opitzens
Zeit noch nicht vollendet gewefen zu fein, jedenfalls war er fo
weit, daß *eu* und *ei* gereimt werden konnten und daß orthographifche Verwechslungen nahe lagen. Die Reimänderungen
bedeuten dann ganz natürlich ein Annähern an die Schriftfprache.
Wieder ein Beweis für Opitzens Mittelftellung.

ei - Laute.

§ 52. Nach der Schreibung.

1. Für die Entfprechungen von mhd. *ei î* werden angewandt
die Zeichen *ai*, *ey*, *ei* (*äy*, *ay*).

ai fteht nur für altes oder aus Kontraktion entftandenes
ei. Es verfchwindet in b bis auf wenige Fälle: *faiften* > *feiften*
11 36, *Gaiß* > *Geiß* 14 39, *Haine* 75 220, *Craiß* a 61, *Kraiß*
> *Kreiß* 31 107, *Waifen* b/109 (*Mayens* 152 53, *Capitäine* > *Capiteyne* 44 113, *Käyferlich* 225 K 42, *Keyferlich* 227 3).

ey bezeichnet etwa gleich häufig mhd. *ei* und *î*. Viele Worte
haben bald *ey*, bald *ei*: *Heide Heyde*, *Heiland Heyland*; *fpeien*
fpeyen, *eitel eytel*, *Seite Seyte* (in beiden Bedeutungen) cet. —
Außerdem hat *y* die Bedeutung eines Auslautfchnörkels: *bey*,
-ley, *Melodey*, *Papagey*, *fey*, *zwey* cet. — Gegen 30 mal ift die

Schreibung von *ey* zu *ei* geändert, ohne Rücksicht auf Herkunft des Lauts, kaum einmal umgekehrt: *geschneit > geschneyt* 53 156. Ich sehe dabei ab von *Eyter, Heyrath, erzeygt*, wo Wechsel mit *eu* eintritt. *ey* hat also keinen eigentümlichen Lautwert; es ist am Aussterben, haftet aber besonders fest an gewissen Worten (Verbum subst.), besonders solchen mit isolierter Entwicklung: *meyne, Weyer, Weyrauch* und Fremdworten wie *Capiteyn*. (Hier ist die Aussprache deutsch: *Fontein : Blümelein* a/101, *Capiteyne : gemeine* 44 113.)

ei tritt für die *ei*-Laute jeder Provenienz ein.

Die Schreibung läßt also nur einen *ei*-Laut erkennen, denn die vereinz*"*en *ai* können wohl keinen besondern Laut bezeichnen.

§ 53. Nach den Reimen.

Dasselbe Resultat liefern die Reime. Oben (§ 51) ist schon gezeigt, wie sich die *ei* jeder Art gemeinsam von *eu* abheben. *ei* < *ei* und *ei* < *i* sind unendlich oft gebunden. Auf den zufällig herausgegriffenen Seiten 100-119 finden sich historische Bindungen von altem *ei* 2, von jungem 11, unhistorische Bindungen beider 23! (Abgesehen von *ei : eu*-Reimen und Fremdworten.)

§ 54. Wechsel von *ei* und *î, i*.

eindenck > inndenck 49 162, *Innwohner* b/19;
seind a 57, *seindt > sind* 31 108 u. ö., *sein > sind* 60 115 u. ö., *seyn, sein,* 1. und 3. Person Pluralis 4 134, 15 195 u. ö.; die *ei*-Formen sind in b viel seltener geworden; *sein* steht indes noch häufig im Reime.

kieffet 233 10.

Vgl. §§ 55,3 und 74.

Nebentonige und unbetonte Vokale.

§ 55. **Qualität** (und Quantität).

1. In Vorlilben und Proklitiken.

beſeit a/79, 83 164, b/227 u. ö., *beyſeit* 15 241 u. ö.; *Genade genädig,* 134 J 22, b/B 12, b/94, *Gnade* b/F 21 u. ö. (*grade* b/B 22, *gerade* b 112);

ohngefehr b/a 31 u. ö, *ohnfortgeriſſen* 38 82;

(*verleihen, verſchweigen* cet.,) *verhanden* b/a 42, *einverleibet* > *einvorleibet* 56 213, *vortragen* b. L 11, *vornichten* b/104; dieſes *o* ift ſchleſiſch (und md.): Weinhold pag. 51;

zueſtören > *zuſtören* 122 G 32, *zubricht* > *zerbricht* 11 35, *zuſchlagen* cet., daneben ſeltener *zer-*; das *u* ift ſchleſiſch: Weinhold pag. 57.

Sonft nhd. Lautſtand.

2. Vokale zweiter Kompoſitionsglieder.

Sie ftehen auf derſelben Stufe der Abſchwächung wie heute. Abweichungen: *beherbrigt* b/221 (vielleicht nach *nehme—nimmt* cet.; doch vgl. Weinhold pag. 40: *Hamprich = Handwerk* u. ä.); *jetzo* neben *jetzt; Vnterſcheid* b/E 31, b/31, b/87, *Vnterſcheid* > *Vnterſchied* 232 9; *Vrthel* > *Vrtheil* 6 206, 103 238, *Vrtheil* 6 206, b/b 31.

3. Ableitungsſilben- und Kompoſitionsfugenvokale.

nhd. *-chen: Bübichin* a/A 21, (*Häuſichen* > *Häuſſigen* 4 134,) *Kuſſichin* a/48, a 68, ſonſt *-chen.*

mhd. *-lin: -lin:* a/A 21, a/93, 11 36; *-lin* > *-lein* 59 147, 67 218 x, 129 H 32; *-lein:* a/43, 5 136 u. ö.; *-lein* > *-lin:* 13 38; *Peterlin* 13 39; die *i*-Form ift wohl ſtraßburgiſch.

mhd. *-in: baumwöllin* b. 66, *jrrden* > *jrrdin* 87 160, *wächſin* > *wächſen* 11 36.

mhd. -*nille*, -*nalle* (Über Apokopierung: § 62). Der *i* -Laut
scheint bevorzugt zu sein: -*uns* > -*nüs* 48 161, 57 231 u. ö.;
-*nus* > -*nis* 57 231, 84 193 u. ö.; (-*nis* > -*nüs* 18 150 bedeutungslos: cfr. § 36). Änderungen im entgegengesetzten Sinne habe
ich nicht notiert. Sonst stehen -*uns*, -*nüs*, -*nis* (bezw. -*nulle*,
-*nuß* cet.) nebeneinander. Vielleicht bezeichnet *u* hier denselben
Laut wie *ü*, *i*: vgl. § 40.

rosinfarben > *rosenrother* 48 161; *Obristen* b/19; *Bisem* 235 13;
Necker 90 183, b/98, b/180; *Ungern* b/b 12, b/190.

Märterer 139 K 11, *Syllaben* a/119, b/c 12 (auch synkopiert),
Titul b/a 42, b/c 12.

Sonst nhd. Lautstand.

Kompositionsfugenvokale, die nicht zu *e* geworden sind:
Bräutigam a/43, 44 113 und regelmäßig (doch vgl. § 57,1), *Häus-
ligen* 4 134, *Küsschen* a/48, a 68, *Nachtigall* a/71 u. ö.

4. Die Flexionssilben haben alle den Vokal *e*, bis auf die Neubildungen *dero, deroselbten* cet., z. B. b/b 21, b/b 31. Vgl. §§ 64,2 u. 71,3.

§ 56. Synkopierungen und ähnliche Verstümmelungen bei Stammsilbenvokalen.

1. ‚Poeterey', Neudruck pag. 37: „*Es soll auch das e zuweilen
nicht auß der mitten der wörter gezogen werden; weil durch die
zusammenziehung der sylben die verse wiederwertig vnd vnangeneme
zue lesen sein. Als, wann ich schriebe:*

*Mein Lieb, wann du mich drückst an deinen lieblchen Mundt,
So thets meinm hertzen wol vnd würde frisch vnd gsundt.*

— — *Wiewol es nicht so gemeinet ist, das man das e niemals
außenlassen möge: Weil es in Cancelleyen (welche die rechten
lehrerinn der reinen sprache sind) vnd sonsten vblich, auch im
außreden nicht verhinderlich ist. Vnd kan ich wol sagen vom*

für von dem, zum für zur dem end dergleichen. So iſt es auch mit den verbis. Als:

Die Erde trinckt für ſich, die Bäume trincken erden,
Vom Meere pflegt die Lufft auch zur getruncken werden,
Die Sonne trinckt das Meer, der Monde trinckt die Sonnen;
Wolt dann, jhr freunde, mir das trincken nicht vergonnen?
Hier, ob gleich die wörter trincket, pfleget, wollet, inn eine ſylbe gezogen ſind, geſchiehet jhnen doch keine gewalt'. —

D. h.: Die Grenze der Zuläſſigkeit von Synkopen kann nur aus dem Material erſchloſſen werden.

2. *s* oder *'s* < *es*: *michs* b/198, *kömpts* 83 213, *hilfſts* > *hilfſt's* 27 214, *ich's* b/200 cet.;

s < *das*: *auffs* 2 133, *vmbs* 16 196:

s oder *'s* < *des*: *ins* 148 48, *der's morgendts* 129 H 32;

m < *dem*: *vom* b/91, *zum* b/92 (Proſa) cet.; vgl. 1;

m < *den*: *zum erſten* b/L 12 (vgl. § 18);

n < *den*: *zun* b/G 12, b/67, b/69.

Man bemerkt ein ſtarkes Hervortreten von b.

§ 57. Synkope von Ableitungsſilben- und Kompoſitions- fugenvokalen (bezw. Entheſe).

(Den Kompoſitionsfugenvokal zu behandeln kommt eigentlich der Wortbildungslehre zu. Ich führe nur die Abweichungen vom Modernen vollzählig an.)

1. **Subſtantiva.** Die Bildungsſilben *-el* und *-er* werden nicht ſynkopiert; vgl. *Zweiffelung, Wäldren* > *Wäldern* 84 193. [*Ähren* b/87, *Stahl* b/D 41, b/24.] Treffen beide zuſammen, ſo wird eine ſynkopiert: *Bettler.* Vgl. ferner: *Engelländer, Öſterreich, Roderich, Wüterich; Friedrich.*

Artſchocken, Haupt, Hecht, Kranch, Krebs, Milch, Ohm, Vogt, Lilien, Spanier cet. beliebig zweiſilbig oder dreiſilbig; cfr. § 23.

Jüngelein, Blümelein, Brüllelein, Kügelein, Seelelein, Täubelein cet.: *Büchlin, Seufftzerlein, Sprößlin*; *Bübichin, Küfschen.* Der Vers muß die Verbreitung der vielfilbigen Formen begünftigen; vgl. auch *Jüngeling, Jüngling.*

Blaßbalck > Blafebalg 94 236, *Bräutigam > Bräutgam, Ellebogen, Gaftemann, Grabeliedt, Hoffediener Hoffeleuth' Hoffepurfch, Liebekofen, Tagelieeht, Willekomm Willkomm.*

2. **Adjectiva.** -*el* wird gewöhnlich nicht fynkopiert: *topplen > toppeln* 138 J 42, *eintzelen, eiteler*; nur für *edler, edlen* cet. habe ich fünfmal Synkope notiert; daneben *edeler, edele* cet.

Für -*er* gilt dasfelbe: *beffers, finfteren, klügere, das bitter' (eyfferiger).* Endlofes Schwanken herrfcht bei *ander* und *unfer*, wohl aus lautlichen (vgl. § 22), aber auch aus flexivifchen Gründen: *ander > andre* 88 167, 155 57, *andere > andre* 38 82, *andre > andere* 28 229, *andere* 73 155, 137 J 41, *anderen* a 33, *anders* a 92, 39 82, *andrer* b/78; *vnfer > vnfre* 2 133, *vnfers > vnfres* 75 207, *vnfer, vnfre, vnfrem* cet. Hier fpielt die Verwechfelung des Perfonale mit dem Poffeffivum ein; im einzelnen Falle ift die Abficht nicht immer zu erkennen. (Über *ewer, ewrer* cet. vgl. § 71,2). — *mehrer* b/103.

-*en*: *eigenen eignen, güldener güldner, heydnifch, Nachkommenen* (regelmäßig), *truckne, vnterfchiedener* vgl. unter 4. — *zehn* a/29, *zehende* b/b 11, b/b 12 (Profa).

Die Superlativbildungsfilbe wird gewöhnlich nur nach *f* nicht fynkopiert: *gröffefte, weifefte*; *fchönefte fchönfte, edelfte, gelehrtefte, betrübtfte, weitefte.* Möglichkeit der Ausfprache wird das Hauptregulativ fein.

-*ifch* ift nur fynkopiert in *Gentfcher* 9 240, *Rheinfchen* 156 58 (alfo vor Flexion).

(3. **Adverbia.** (*ferren* 128 H 22, cfr. § 20,2) *eines* 130 H 41, *linckes rechtes* b/b 12; fonft: *anders, mehrmals, ftets* cet.; cfr. § 58,2.)

4. Verba. *-el* pflegt nicht fynkopiert zu werden: *manglen* > *mangeln* 92 185, *mangel'* Conj. b 135, *wandel ich* a/51. Ausnahmen: *verfamlet* b 210, *famlen* a 54.

-er wird nicht fynkopiert: *wunder* > *wunder' ich mich* 72 233, *belägeren* 128 H 22, *ender'* Conj. 132 J 11.

-en ift fynkopiert in *rechnen* ‚ulcisci‘ 82 164, *trucknen* 81 162, 132 J 11 u. ö.; im Part. Praet.: *erkohrn*: 73 155, 139 K 12, *gebohrn*: 139 K 12 u. ö., *verlohrn*: b/78, *gefchworn* 73 155; alfo nach *r* im Reim; außerdem in *gebrochnen* 141 K 22 vor Flexion.

-et pflegt in der Profa nicht fynkopiert zu werden: *fagete* cet. In der gebundenen Rede find die fynkopierten Formen in der Überzahl: *lebte, legte*; aber meift: *fagete*. Mit dem fog. Rückumlaut verbindet fich natürlich Synkopierung (*fatzte*); befteht zugleich eine nicht rückumgelautete Form, fo wird diefe gewöhnlich nicht fynkopiert (*gefetzet*). Vgl. § 73,2.

Steht ein Dental vor *-et*, fo wird in Profa nie fynkopiert, wenn man von *beredt*, (*engeftalt*,) *wird* abfieht. (Vgl. *engeftaltete* > *engeftalte* 66 232). In gebundener Rede find folche Synkopen nicht felten: *vergüldtes, bekleidt, geredt, entzündt, verwundt; veracht, behafft, gericht*. Aber Opitz fcheint diefe Formen doch nicht fonderlich zu lieben: *unverfchuldt* > *ohne Schuld* 72 233; *gefpreit*: *Kleidt* a 83, *nicht: gericht* > *bricht* 35 146, *nicht: gericht* > *Liecht* 31 108 (*bereit* > *bereitet* adj. 59 148); *redten* (Praet.) > *reden* (Praef.?) 10 240. *richtet* (Praet.) > *richte* (Praet.) 94 235 dagegen zeigen, daß diefe Synkope einer Apokope vorgezogen wird, die den Tempusunterfchied verwifcht.

§ 58. Synkope von Flexionsfilbenvokalen.

1. Subftantiva. Nach den Bildungsfilben *-er*, *-el* find alle Flexionen fynkopiert.

-es ift nach nebentonigen Silben gewöhnlich fynkopiert: *Hertzogs*; erhalten in: *Heylandes* (*Hindenberges*). Sonft ift *-es* in der Profa in ff. Fällen fynkopiert: *Bergwercks, Buchs, Gitichts*,

Jerufalems, Pfalms, Verlauffs; meines theils, keines wegs; nicht fynkopierte genitivifche Adverbialausdrücke: *heutiges Tages* (a), *eines theiles* (a). Zuweilen befeitigt die Profa b Synkopen: *Weins > Weines* 143 40, *Handts > Handes* 94 235; nirgend führt fie neue ein. In der gebundenen Rede habe ich kein Beifpiel für Synkope nach veränderlichem Stammauslaute (Wilmanns, Gramm. I § 280,3) gefunden. Sonft fehe ich keine Befchränkung. Aber häufig ift die Synkope doch nicht. Es ift offenbar Opitzens Tendenz, fie zu meiden. (Cfr. § 56,1.) Belege: *Gott's, Knechts, Lauts, Sohns. — des Nachtes > bei Nachte* 64 120.

-*en* ift fynkopiert in *Auctorn* b 232, *Marmorn* b/19, *Sporn* 140 K 21; *Carln* b/b 12; *Buchftabn* + v 159 62; *Wagen : tragen > Wagn : tragn* 54 157 nur um einen männlichen Verfchluß herzuftellen. *Herren* fteht bald mit, bald ohne Flexions-*e*: *Herren* Sing. a/42, b/a 21 (Profa), 130 H 41; *Herrn > Herren* Sing. 67 118 (Profa), 94 235 cet., *Herrn* Plur. 83 213. — *Berenburg* b/a 21. — Über *Göttinn* Dat. Plur. u. ä. § 22. Über *Mauern, Mauren* u. dgl. vgl. § 59.

-*er* wird nicht fynkopiert.

2. **Adjectiva und Pronomina.** Nach der Bildungsfilbe -*er* werden alle Flexionsfilben, auch -*es* fynkopiert: *albern* (Plur. b/C 11), *andern anders, beffern beffers, finftern, geringers, größern, fchöners, vnferm vnfern vnfers.* Nur die Profa a hebt fich ab, und fo ftark, daß man an eine befondere Regelung für b denken möchte: *anderen, fchwereren, reifferen.* — Nach den Bildungsfilben -*el* und -*en* ift in den wenigen Beifpielen nicht fynkopiert: *edlen, eintzelen, Nachkommenen;* doch *topplen > toppeln* 138 J 42. (Vgl. §§ 57,2 u. 63,2.)

Sonftige Synkopen: -*es: guts* 150 51, *jeglichs* a/42, *jhrs* (Gen.) 135 J 22, *meins* (Gen.) 16 195, 80 208, *welchs* a 36; nach *s:* bloß *anblicken* a 58, *was gewiß* 98 96 (vgl. § 22,2); *daß nichts beftendig > beftendigs fey* 7 152; vgl. *nichts Menfchlichs* 157 60; *eines* Adj. Nom. 137 J 41, *ein's* 137 J 41, *eins > eines* Gen. a/95, 95 236

(Profa). — Adverbiale Genitive: *eines, eines mahles, morgendts, Nachtes* (f. unter 1), *theiles theils, enderweges.* Vgl. § 57,3: eine feste Grenze ist nicht zu ziehen.

Sonst wird nicht synkopiert.

3. Das **Verbum** läßt in der Prosa nur nach den Bildungssilben -*el* und -*er* Synkope eintreten: *handelt, mangeln mangelt, verwundern, wandert, wittert, zweifelt* (b); *verkleinern, verwundern verwundert, zweifeln* (a). Eine Ausnahme machen die Verba, die im Ind. Praes. zwei verschiedene Stammvokale haben. Aber auch hier stehen nicht synkopierte Formen neben synkopierten: *giebet, liefet, fiehet, stirbt, vergißt, treget tregt.* Dann bleibt nur ein geringer Rest von Abweichungen von der Hauptregel: *bringt, belangt, macht, verneint, fagt; wird; redt > redet* 16 214.

In der gebundenen Rede sind umgekehrt die synkopierten Formen häufiger. Nach den Bildungssilben -*el* und -*er* wird immer synkopiert; Ausnahme: *belägeren* 128 H 22.

-*et*, -*est*. -*et* wird auch nach dentalem Stammauslaute häufig synkopiert: *findt, überwindt, reitt, stißt, trett* (a); *werd > werdet* 93 186, *vreudt: kennt > sich: ich* 90 183, *sendt: endt > erkiest: ist* (i) 36 146. — Nicht synkopierte Formen bei doppelter Praesensvokalisation: *verbirget, verdirbet, fehret, giebelt giebet, bsieft, schläffest schläffet, verfehleget, sihet, stirbet, treget, wächset, erwirbet, wirffet; befihlet > befihlt* 27 214. — Man wird behaupten dürfen, daß die zweiten Perfonen und die Konjunktive mehr zu den längeren Formen neigen, als die dritten. Die 2. Perf. Pl. ist nur etwa doppelt so oft synkopiert als nicht synkopiert: so z. B. b 102—111 23 mal mit, 10 mal ohne Synkope, während auf den gleichen Seiten die Zahl der synkopierten Formen der 3. Perf. Sg. sich zu der der vollen etwa wie 4 zu 1 verhält. Stärker verstümmelte Formen: *du left, du schießt* (a), *fürchstu* (a), *möchstu > möchtestu.* Daneben: *du weißest* 6 206.

-*en* kann synkopiert werden, soweit es die Ausfprache zuläßt: *empfahn, sehn, ziehn* (gehn, stehn, nach Versbedürfnis auch *gehen, ftehen*). *-len* ift fynkopiert in: *follu*, b 194, *wollu* 140 K 21, *erzehlu* > *erzehlen* (gegen den Vers) 74 155; *-ren* in *ehen* 74 234, *fahren* a/94, *führn* 133 J 21 u. ö., *verliern* a 79, *erluftirn* a 19, *offenbahrn* b/69; *führn* > *führt* 8 152. *Wagn*: *tragn* b 157 ift die einzige Reimausnahme: vgl. 1.

Im allgemeinen ift noch zu fagen, daß der Vers auf die Synkopierung unzweifelhaft großen Einfluß hat; fpeziell ftehen die nicht fynkopierten Formen der Verba mit Vorliebe im weiblichen Reime.

§ 59. Enthefe.

Diphthong + *r* paffen nicht in eine Silbe: *trawr* > *klay* 19 137 x, *thewr* > *fehr* 58 147. Es tritt alfo ein *e* vor das *r*, außer wenn es zur folgenden Silbe gezogen werden kann: *Bawer Bawren, ewer ewre ewere* (auch fyntaktifche Verwechslung: vgl. §§ 57,2, 71,2), *Fewer fewrig, Gemäwer Mawren, trawer' trawren* cet.; *fawer Sawrampffer* 13 39, vgl. *Buchftabn* + v 159 62. — Über *r*: § 22, über *gehen, Ehe* u. ä. §§ 15, 26,2.

§ 60. Opitzens Regeln über Hiat, Elifion, Apokope; Allgemeines.

1. Ich fetze der Bequemlichkeit wegen Opitzens Regeln hierher („Poeterey', Neudruck pag. 36 f.).

Das e, wann es vor einem andern felblautenden Buchftaben zue ende des wortes vorher gehet, es fey in wafferley verfen es wolte, wird nicht gefchrieben vnd außgefprochen, fondern an feine ftatt ein folches zeichen ' darfür gefetzt. — — Hiervon werden außgefchloffen, wie auch Ernft Schwabe in feinem Büchlein erinnert, die eigenen namen als: Helene, Euphrofine; darnach alle einfylbige wörter, als: Schnee, See, wie, die cet.

Zue ende der reimen, wann ein Vocalis den folgenden verß anhebet, kan man das e ftehen laffen oder weg thun. — — Wan auff das e ein Confonans oder mitlautender Buchftabe folget, foll es nicht außengelaffen werden.

2. Wie steht es nun mit dem Gebrauch dieser Regeln? Opitz hat sie in erster Linie für sich selbst gemacht, er hat sie sich sozusagen auf den Leib geschrieben. Er wird sie also auch befolgen. Aber man täusche sich doch nicht über ihre Tragweite. Sie wird durch zwei Dinge ganz erheblich beeinträchtigt. Erstens ist die feste Lautgestalt der Worte, die die Regeln über Apokope und Elision voraussetzen, etwas ganz Illusorisches: es giebt kaum eine Gruppe von Worten, die nicht auslautendes stammhaftes *e* verlieren könnten; Opitz kann vor Konsonant *Sonn* und *Sonne* schreiben, vor Vokal *Sonn* und *Sonn'*, nur wird er hier die Form mit Apostroph vielmal vorziehen, weil sie ein schönes und korrektes Ansehen hat. — Man sieht, wie Opitz zugleich Spielraum zur Vermeidung des Hiats gewinnt. — Und zweitens: wo sein natürliches Sprachgefühl widerstrebt, bringt sich Opitz nicht in die Lage, seine Regeln anzuwenden. Diese Regeln sind ja romanisch, entweder direkt oder über die Niederlande bezogen, wie schon an mehreren Orten dargethan worden. (*Helene, Schnee* [*zur, thue*] cet. werden nicht apostrophiert!) Ein deutsches Sprachgefühl mußte sich selbstverständlich nicht selten gegen sie sträuben: Elision gewisser Flexionen wird mit weitgehender Strenge vermieden. Aber es fragte sich in jedem einzelnen Falle, wer stärker war, das Sprachgefühl oder die Regel: das Sprachgefühl ist in b an manchen Stellen unterlegen, wo es in a noch stärker war.

Das Material folgt in den nächsten §§, und danach wird vielleicht manches von Burdachs Entwicklungen (Forschungen zur deutschen Philologie, Leipzig 94, pag. 312 ff.) zu modifizieren sein.

§ 61. Hiat.

1. In b fehlen Hiate der gebundenen Rede ganz, in a finden sich einige, die aber in b beseitigt werden, z. B.: *schönste aller* > *schönest' aller* 21 140. Nach Buchners Poetik hätte sich Opitz überhaupt nur in der Antigone zwei Hiate erlaubt. — Fälle wie *thue es, ehe als* gehören nicht hierher.

2. Die Profa zeigt zahlreiche Hiate. Auf den erften beiden Seiten von b findet man 7; auf den Seiten a/a 11—12 deren 16. Selbft Worte mit fchwankendem Auslaute (*Gedicht Gedichte* cet., *ohn ohne* cet.) richten fich nicht nach dem folgenden Anlaute. — Freilich, auf die Ausfprache ift aus dem allem nicht zu fchließen. Aber es zeigt fich, daß die Worte auch in der Profa keine fefte Lautgeftalt haben. Trotzdem wird fie manches zur Verficherung und Beftätigung der aus der gebundenen Rede gewonnenen Refultate ergeben, befonders für die gegenfeitige Begrenzung von Elifion und Apokope.

§ 62. Elifion und Apokope von ftammhaftem *e*.

1. Die Grenzen zwifchen Elifion und Apokope find nicht in jedem einzelnen Falle zu beftimmen. Abgefehen davon, daß apokopierte und nicht apokopierte Formen nebeneinanderftehen, daß auch fchon apokopierte Formen noch eine fcheinbare Elifion erleiden (vgl. § 60,2), ift die Anwendung des Apoftrophs zur Bezeichnung der Elifion keineswegs regelmäßig. Er fehlt in a meiftens, in den teils fchon in a wiedergegebenen älteren Stücken von b häufig, aber infolge der fchlechten Druckertechnik auch in den neuen nicht felten. a ift für diefe Unterfuchungen jedesfalls von geringem Wert. — Daß der Apoftroph gelegentlich Zeichen der Synkope ift, wurde fchon oben angedeutet.

Im Folgenden ift das Material aus der Profa vollftändig beigebracht. Ihr fehlt ja zunächft der Anlaß zu Elifion und Apokope, und fie muß eine Art Norm für die Betrachtung der gebundenen Rede abgeben umfomehr, als a hier zurücktritt. — Zuweilen wird nicht zu vermeiden fein, die Epithefe in den Kreis der Betrachtung zu ziehen.

2. Für das **Subftantivum** ift das Profamaterial fehr gering. Von den fchwachen Maskulinen hat nur *Monde* fein *e* bewahrt (doch vgl. unten § 69,1). Von den Femininen find apokopiert:

Ehr, *Lieb*, *Müh*, *Vrfach*, in acht nehmen: in a: *Abred*, *Ehr*, *Lieb*, *Sprach*, *Standt*, *Trew* (auch *Ehre*, *Sprache*). — *Chronicke*. Von den neutralen Subſtantiven mit unveränderlichem Anslaute haben ihr *e* nicht aufgegeben: *Creutze*, *Hertze*, *Gemüte*, *Geſchöpffe*. *Geſichte*, *Getichte*, *Gedicht* > *Getichte* 35 146; a: *Gedicht*, *Gehirn*. Die Worte mit veränderlichem Stammauslaut (Wilmanns, Gramm. I, § 280,3) behalten *e* außer nach Ableitungsſilben.

In gebundener Rede habe ich von ſchwachen Maskulinen, die lebende Weſen bezeichnen, apokopiert gefunden: *Beer*, *Buhl*, *Gefandt* (Subſt.?), *Han*, *Herr*, *Mohr*, *Ochs*, *Printz*, *Menſch* (Neutr.?); *Löw* 136 J 32 = *Leu*: § 13; *Griech* (a). Die ſchwachen Maskulina, die Lebloſes bezeichnen und kein *n* im Nominativ haben, ſind apokopiert: *Fahn*, *Hauff*, *Nam* (*Name*), *Weingart*, *Stoll* + c > *Stoll* + v 1035! Abweichend: *Monde* (neben *Monden*), *Schmertze* (neben *Schmertz*). Weiteres findet man unter Flexion: §§ 67 ff. — Die *ja*-Stämme haben den heutigen Lautſtand; ebenſo *Sohn*.

Das *e* der Feminina iſt höchſt beweglich; wie es ſcheint, kommt und geht es nach Belieben; faſt durchaus beſtehen Doppelformen, ſo zwar, daß Worte mit veränderlichem Stammauslaut im Versinnern keine Apokope pflegen eintreten zu laſſen. Im Reime herrſcht auch für ſie größere Freiheit. Die vom heutigen Brauche abweichenden Apokopen ſind die folgenden: (wo nicht anders angegeben, folgt Konfonant auf den Stammauslaut: das ſind die einzig unanfechtbaren Apokopen; in den übrigen Fällen bleibt unſicher, ob Apokope oder Eliſion anzunehmen ſei.) *Eh* + v b/109, *Erdt*, *Ehr* vs, *Flamm*, *Freudt*, *Gutſch*, *Hell*. *Hüfft* (Fem.), *Hülff* + v, *Hur*, *Kron* vs, *Lieb* + v, *Müh* vs, *Pflantz*, *Ruh* vs, *Seel* + v, *Sonn*, *Speiß* vs, *Spitz*, *Stirn*, *Tauff*, *Trompet*, *Trew*, *Wolck* vs, *Zung*; a: *Blum* (M.?), *Eyl*, *Heyd*. *Leich*. *Pein* vs, *Pfort*, *Sprach*, *Sünd*. Daneben *Erdt'*, *Ehre*, *Freudt'*, *Hell'*, *Heyde*, *Mühe*. *Seele*, *Sonn'*, *Straff*, *Trompete*cet. Ferner: *Fraue*, *Furchte*, *Holde*, *Porcellane*. (Vgl. unter Epitheſe: § 64.) — Die Änderungen zeigen fämtlich die Richtung auf die volleren Formen oder deren Andeutung durch den Apoftroph; nur die *e* nach Ableitungsfilben fchwinden zumeift auf dem Wege von a zu b. Vgl. *Ehr* + c > *Ehr'* v 47 112, *Furcht* > *Furcht'* 17 149, *Furcht* + c > *Angft* 45 114, *Hülff* > *Hülff'* 20 138, *Hüfft* > *Hüfft'* 81 162, *Klag* > *Klage* 19 138, *Müh* > *Angft* 41 85, *Seel* + c > *Gemüts* 3 133, *Seel* + c > *Seel'* 3 134 u. ö., *Seel* + v > *Seel'* 3 134, *Straß* + c > *Straß'* 46 112, *Stundt'* > *Stund'* 18 150. *Freundinne* a 84, *Göttinne* a/70, *Göttinn'* 40 84 cet., *Nahrunge* 141 K 31, 231 8, *Nahrung* + v 233 10; fonft herrfcht Apokope nach Bildungsfilben in a b.

Von den Neutren kommt den mit der Vorfilbe *ge-* gebildeten auslautendes *e* zu: *Geficht* > *Gefichte* 23 142, *Geficht* + c > *Geficht'* 24 228, *Gefind* + v > *Gefind'* 14 39, *Gemüt* + c > *Verftand* 233 11, *dein Gemüth* + c > *deinen Sinn* 50 216. Bei unveränderlichem Auslaut aber erlaubt fich Opitz zuweilen noch Apokope: *Gebein* (: *feyn*), *Gemüt*, *Gefetz*, *Geficht*; *Gefpräch* + v. — *Glück* > *Glücke* 49 216, *Glücke* b/173, *Glück* + v b/80, : a/28.

Bett + c 153 54, *Bette* 235 12, 236 14; *Creutz* + v b/E 11, b/90, *Creutze* b/F 11; *Hertz* + c > *Hertz* + v 20 139, *Hertz* + v > *Hertz'* 30 229, *Hertz* : *Schmertz* > *Gewinn* : *Sinn* 8 152, *Hertz* : *Schertz* > *Sinn* : *bin* 53 157, *Hertz* + c a 20, a 46, 157 60, *Hertz* + v b/190, *Hertze* b/B 12, b/B 32 cet., jedenfalls hält Opitz *Hertze* für korrekt; *Stücke* b/191, b/223; *Vieh* + c > *Vieh'* 67 118, *Vieh'* b/87, *Vieh* + v 69 153, + c 229 5; *Weh* + c 148 49, *Weh* + v 148 49, *Weh'* b/87. Sonft wird man fagen dürfen: nach veränderlichem Auslaute behalten die Neutra ihr *e*, nach unveränderlichem verlieren fie es. Auch nach Nebenton ift es, wie Flexions-*e*, wohl weniger feft; vgl. *Elend*.

3. **Adjectiva und Participia.** Die Profa hat das *e* erhalten in *alleine, angenehme, blöde, böfe, gemeine, nütze, fchöne*; verloren in *leer, bequem, reich*; a: (*harte*,) *nutze*, (*ziemlich*). Eine Regelung nach dem Stammfilbenauslaut ift alfo nicht wahrnehmbar. Participien: b: *betreffende, wiffend*; a: *angehende, vnwiffendt*.

In der gebundenen Rede behalten die Adjectiva mit - bei Opitz! — veränderlichem Stammauslaute ihr *e*, die andern verlieren es. Von der erften Regel finde ich keine Ausnahme (*elend* S. 86); von der zweiten eine Reihe, die zwar die an mehreren Wortgruppen erwiefene Regel nicht umftößt, aber wenigftens zu beweifen fcheint, daß Opitz bei diefer Klaffe von Adjektiven große Freiheit hatte, gewiß bei vielen Worten doppelte Formen brauchte: *allein alleine, gleich > gleiche*: 28 229, *grüne grün* (a), (*hart',*) *klein > klein'*: 8 152, *kleine klein' klein* + c, *gemeine, gemelle, bequem > bequeme* 17 149, *rein* + v > *rein'* 59 148, *reine, fchöne fchön, ftill', füffe, wüft'*. (Auf die apoftrophierten Formen ift weniger Wert zu legen: § 60,2.) — Im Part. Praef. hält b das *e* für korrekter: *blüend', brennend* + *h* > *brennend'* + v 30 229, *lebend', rafend', redende, fiedend', wachende*; a: *achtendt, brennend* + c.

Über unflektierte Superlative: § 63,2. Vgl. unter Epithefe: § 64.

4. **Adverbia u. a.** Profa b: *darmitte, heute, lange* (*lang* + *h* b/a 22) ,*din', leichte vielleichte, gelinde, offte,* (*offt* vor Konf. b/33,) *gefchwinde; gern, gleich, laut, leichtlich, fehr, zwar.* a: *nahe, offte; billich, zugleich, vielleicht, offentlich zuruck; ohn* und *ohne* wechfeln ohne Rückficht auf den folgenden Anlaut.

Gebundene Rede. Die Adverbien zu nicht apokopierten Adjektiven werden natürlich ihr *e* erhalten haben: *elende,* (*behend* + c a 22,) *behendt* + v > *behend'* 34 95, *öde öd'* cet.; fchwankenden Adjektivformen entfprechen Adverbien mit unftätem *e*: *gleiche gleich, fchöne fchön* (*fchon*) cet.; die eigentliche Adverbbildung ift bis auf wenige Ausnahmen aufgegeben: *feste faft, leichte, fchnelle, fpäte fpat, tieff > tieff* 231 8, *tolle* cet. (Epithefe?). Ifolierte Adverbien: *balde, bald* + v, *bald* + c, *darumbe, darumb* + c, *ferne, wofern > wofern'* 35 146, *frü, gerne gern, heint' heint, mitte* ,*cum', nahe nah, offte, offt* + c, *fchier* (*vielleichte, zurücke*). — *ohn* + v, *ohn* + c, *ohne*.

§ 63. Elifion und Apokope von Flexions-*e*.

1. **Subftantiva.** Nach Bildungsfilben wird in der Profa, wie heute, kein Endungsvokal geduldet. — Sonft behält in b der Dativ in der Regel fein *e*. Die meiften Ausnahmen finden lich in präpofitionalen Ausdrücken: *im fall, zum dritten mal, zu Anfang, zum theil, von Angeficht zu Angefichte*; ähnlich: *Gott lob*; ferner in Compofiten (alfo nach ftarkem Nebenton): *Ackerbau, Anfang, Zuwachs*; außerdem in *Fall, Ort* vor Konfonanten, in *Gott, Meer* vor Vokalen. — Apokope im Nom. Acc. Plur. nur bei *Vers*.

a geht in der Apokopierung viel weiter. (Noch weiter Zincgrefs Profa.) Außer nach Bildungsfilben, in präpofitionalen Ausdrücken und Kompofiten ift *e* apokopiert in den Dativen: *Gehirn, (König,) Schall, Schutz, Sprach* (auch *Sprache*); Plur.: *Künft.* (Die Profa a umfaßt nur wenige Seiten.)

Auf den f. Anlaut wird weder in a, noch in b Rückficht genommen.

Gebundne Rede. Die Apokope des Dat. Sg. ift offenbar fchon fehr verbreitet, als das neue Gefetz vom Apoftroph in Kraft tritt; auch bei veränderlichem Stammauslaute; der männliche Reim begünftigt fie; vgl. *Grund* + c, *Hohn* + c, *Troft* + c. *Heidt*:, *Tod* + v u. v. a. Opitz fucht vielfach herzuftellen: *Keficht* > *Keficht'* 225 1, *Leim* + c > *Leim'* + v 52 231, *Lieb* (N.) + c > *Lieb'* + v 47 112 cet.; *Schall* + c > *Schall'* + h 74 155, *Garn* > *Garne* 12 37, *Randt* > *Rande* 12 37; fogar: *Milch'* b/E 22, neben dem gewöhnlichen *Milch* (+ v); *Abende, Früling', Honige*.

Das pluralifche *e* läßt fich garnicht gern apokopieren, fogar Elifion fcheint es lieber zu meiden. Vor Konf.: *Befehl* 149 50, *Meil* 13 38 (fyntaktifch zu erklären? vgl. § 69,3); vor Vokal ohne Apoftroph: *Bäum, Berg, Flüß, König, Wind.* und fehr regelmäßig: *Verß* vor Konf. oder Vokal (*ß* = *fch*?); a: *Küß*; mit Apoftroph: *Büch', Gäng', Reim'*. Auch diefe Fälle werden erft zahlreicher durch die Befferungen von b, aber keineswegs fo zahlreich wie die elidierten Dative: *Arm* > *Armen* ‚brachia' 23 142, *König* > *Könige* 83 213, *die Pfeil* > *den Pfeil* + c 3 133, *Stürm* Plur. > *Sturm* Sing. 91 184, *Wind* Plur. > *Wind* Sg. 91 184.

2. Eine Apokope von **Adjectivflexionen** giebt es nicht. Alfo giebt es auch keine lebendige Elifion. Beide müffen der Sprache, die Opitz vorfindet, benutzt und formt, höchft widerwärtig gewefen fein, da fie auch nach ihrer Sanktionierung nicht anwenden mag der, fie fanktioniert hat. Er fchwankt zwifchen Sprachgefühl und Regel und bindet fchließlich das gradgewachfene Bäumchen an den fchiefen Stab. Der Apoftroph erleichtert den Entfchluß; denn er macht verfchiedene Dinge, die keine Elifionen find, zu fcheinbaren Elifionen und fchafft Mufter, nach den wirkliche Elifionen gewaltfam gebildet werden können. Dahin gehören: *mein', dein', fein', vnfer', ewer', jhr', ein', all', ander'* == mhd. *min, din, [sin,] unser, iuwer, ir, ein, al, ander.* Vgl. *mein Zuverficht* 17(215), *mein Seel'* a/43, *mein Afterie* a/78, *mein end ewre Sünd* a/35, *mein* > *meine Handt* 73 155; *dein' eigne* b/124, *dein* > *dein' Ehr* 1 131; (danach: *mein' Augen* b/220, *fein* > *fein' Augen* 123 G 41, 148 48, *das dein* a 99, *das fein'*: 144 43 cet.;) *jhr Seel'* a/43, *jhr Örter* a/76, *jhr* > *jhr' Augen* 3 134, *jhr* > *jhr' Huld* 97 237, *jhr Tugend* Pr. a/A 21: *ein Bien' ein kleine Bien* a/43, *ein' jeglich'* 151 53, *ein' Hand* 148 49, *ein' angenehme* b/102 (danach: *der ein'* + v 5 136); *kein andre Liebe* 88 167; *ohn all Gedult* a/95, *all' Vnfterbligkeit* 160 63, *all* > *all' Eitelkeit* 103 238 cet.

Fälle wie in *enfer Hertzen* a/77, *ander* > *ander' Örter* 55 216, *ander'* Plur. 144 44 (cf. § 57,2), *bitter'* 132 J 11, *fchöner' Hände* a 58 können mit § 22 erklärt werden. Vgl. auch § 71,2.

Zwei Adjektive haben gemeinfchaftliche Flexion: *das (alt' — das new)e* b/E 31, *das (erft — das letzt)e* 148 49, *das (wild' vnd zahm)e Vieh* 39 83; *(dif' jhr)e* b/80, *blawe, dorte (gelb', hier weiff)e Blumen* b 99. Vgl. auch unter Flexion: § 69,4.

Superlative: *auſs beſt'* 2 133, *auſs herrlichſt'* 155 57, *der erſt'* b/67, *das erſt'* 148 49, *ſchönſte* > *ſchönſt'* 21 140 (zur Vermeidung des Hiats), *werthest'* b 140. (Vielleicht eigentlich unflektiert: Grimm, Gramm. IV², 587, 632, 1161); — *das vierdt* + v a/77, *der fünfſt'* b/67.

der oberſt', *Oberſt* 127 H 21, a 103 iſt ſubſtantiviert.

Es bleiben ſchließlich ff. Eliſionen, die ich nicht erklären kann. (Vielleicht ſind dieſe Formen zum Teil als unflektiert anzuſehn:) *bärthicht'* b/78, *derſelb'* 148 49, *dieſ'* 83 164, 151 52 u. ö. (wohl alte Kürzung), *edel' Aſteriten* b 214 (aus dem Kompoſitum *Edel Aſteriten* a 96), *edel'* a 49, *frembd'* 31 107, (*glüntzend'* > *glüntzend* 129 H 31), *groß'* b/148, *gülden'* 147 48, *heilig'* b/E 41, *köſtlich'* 87 235, *lieblich'* 5 135, 50 210, *mächtig'* 129 H 31, *manch'* b/109, *new'* b/100, *ſolch'* b/221, *ſtreitbar'* b/E 22, *welch'* 34 95, 48 206, *die* > *welch'* 17 215; — *zween'* 97 214 (die Liſte iſt für b vollſtändig). Bezeichnend iſt, daß Opitz dieſe nach der Theorie durchaus unanfechtbaren Apokopen und Eliſionen doch zuweilen zu beſeitigen ſucht: *new* > *newe Kleider* 53 156, *diß* > *dieſe* 68 210.

In der Proſa findet ſich nur eine Apokope von Adjektivflexion: *ſinnreichSchriften* b/b 22 (Druckfehler?).

Vom Pronomen haben ſich in der Proſa noch einige vollere Formen erhalten: *deme* b/a 22, b/L 12, *jhme* b/a 31, b/G 12; vgl. § 71.

3. **Verba.** Die Proſa b apokopiert die 1. Perſon Ind. Praeſ. nicht; a einmal: *hab ich* a/A 21, ſonſt: *habe ich, achte ich* cet. — Conjunctiv: *ſchreib* > *ſchreibe* 72 218; ſonſt ohne Apokope. Der Imperativ iſt ohne Apokope (ich betrachte auch das e der ſt. V. als organiſch): *verſtehe, wiſſe*; ſogar: *befihe* b/D 21, b/19 trotz der doppelten Vokaliſation des Praeſens; Ausnahmen in angeführten Citaten: *begreiff* b/D 21, *laß* b/D 31, außerdem: *ließ* b/22. Auf den folgenden Anlaut wird keine Rückſicht genommen.

In der gebundenen Rede ſind die verkürzten Formen geläufiger; in gewiſſer Richtung ſind ſie verbreiteter als heute. —
1. Perf. Ind. Praeſ.: *eß' als* 228 5, *ſcheid'* jetzt 54 157, *wunder*

> *wander' ich mich* 72 233 cet. (Alſo nicht nur vor enklitiſchem Pronomen). Apokopen habe ich nicht notiert. — Conjunctiv: *möcht* + v a/48, *komm'* 130 II 41, *ſtünd* + v > *ſtünd'* 4 135 cet. *werd* + v 130 H 41 cet.; *wol* + c b 160, *red* + c (Conj.?) 158 60 (a: *redt*), *ſchein*: b/186. — Der Ind. Praet. der ſw. V. kann Eliſion erfahren, auch wenn dadurch der Unterſchied vom Praeſens verwiſcht wird: *tröpffelt* + v > *tröpffelt'* 2 133, *hatt'* 126 H 12 u. ö., cet.; *wahnet* + v 88 166, *heulet* > *heulet* 135 J 31 (ſtatt *wohnte* und *heulte* zur Vermeidung des Hiats). Von Apokope läßt ſich kein ſicherer Fall aufzeigen: *krieget* 237 15 (Part. Praet.?), *wacht* a/61, *lacht* a/62 ſtehen im vs. — Im Imperativ haben die Verba mit doppelter Vokaliſation im Praeſens die ſtarke Flexion: *beut, hilff, ſprich, zeuch* (nur ſihe z. B. b/19). Dieſe erhalten alſo auch vor Vokal keinen Apoſtroph. Die übrigen ſchwanken, wie es ſcheint, nur nach Versbedürfnis: *bind, bitt, thue, gehab gehab', hau', ſchaw', empfinde, entzünde.* Cfr. § 64.

§ 64. Epitheſe.

1. ‚Poeterey‘, Neudruck pag. 39: „*Ferner ſoll auch das e denen wörtern zue welchen es nicht gehöret ennangehencket bleiben; als in caſu nominativo:*

Der Venus Sohne. Item, wie Melißus ſagt:
Ein wolerfahrner helde.

Vnd: Dir ſcheint der Morgenſterne;
Weil es Sohn, Held, Stern heiſſet'. Opitz führt als Beiſpiele nur Worte mit ſtammhaftem *e* und eine falſche Analogiebildung dazu an. Und in der That finden ſich ſolche Epitheſen bei ihm nur ſehr ſporadiſch, z. T. erſt in b eingeführt: *Graße* a/29, *Graß* + v 12 37, *Graß* + c 27 214, *Haare* a 70, (ſonſt *Haar,*) *Rathſchlage* b b 12 *Saate* a/29, b/123, *Saat* > *Saat'* 2 132, *Tage* b/L 21, *Todte* > *Tod* 8 153; (*harte,*) *helle, liechte* b/E 31 (?); *deine* b E 41(?), *ſeine* b 81; *dort* > *dorte* 54 158; *ehe* b/E 31, *eh* + c a 30 xxx, *eh'* 30 215 u. ö. — *alle dem* 7 151, b/E 21 = *all dem*, cfr. *alle dasjenige* b/G 12.

2. Ungleich häufiger ist die Epithese nach Analogie von Flexionen. — Der alte Nominativ Pluralis der neutralen *a*-Stämme ist zwar noch wohl kenntlich, hat auch eine Reihe von andern Worten in seine Analogie gezogen, aber hält doch offenbar die Epithese von *e* für das Gesetzmäßige: *Roß* > *Roſſe* 14 39, *Werck* > *Wercke* 97 237. Folgende alte Formen finden sich noch: (*Heer* + v 235 13,) *Jahr* + v b/244, + *h* b/76, vs. 124 G 41, (*Jahre* b/E 31,) *viel Land vnd Städte* 159 62, *Recht* + c 134 J 22, *Thier* + v b/B 21; a: *Element* a/78 + c, *Lieb* + v a/93. *Quell* N.?

viel ist sehr oft ohne Flexion: a/A 12, 91 184 x, b/b 11, b b 12, b/F 12 u. ö. Zuweilen ist es auch selbst flektiert: b/b 21.

wenig hat sich in der Konstruktion angeschlossen a/118, b/F 41.

dannenhero b/b 12, a/A 12. — *dero* b/b 21 x; cfr. § 71,3.

Die Epithese in der ersten und dritten Person Singularis des starken Praeteritums richtet sich in der Prosa nicht nach Interpunktion oder folgendem Anlaut: *gabe* b/a 31, *schiene* b/a 32 vor Punkt und Konsonant; *ließe* b/a 41, *schriebe* b/a 41 vor Vokal; *ließ* b/a 42 vor Kolon und Konsonant, *verließ* b/b 11 vor Konsonant. Auch in der gebundenen Rede stehen die Formen mit und ohne *e* neben einander, ohne daß ein Unterschied wahrzunehmen wäre. Natürlich werden vor Vokalen die kurzen Formen gebraucht, aber bald mit, bald ohne Apostroph: *flog* > *floh'* 21 140 (vgl. § 17,5), *hielt* 125 H 11, *sah'* b/92. Vor Konsonanten sind kurze und lange Formen offenbar gleichberechtigt: *lag, ließ, erschrack; funde, flohe, gabe, lage, ließe, schriebe, wuchse* cet. Vgl. „Poeterey" Neudr. pag. 27.

Über das *e* des Imperativs: § 63,3.

§ 65. Zusammenfassung.

Man kann die Einzelergebnisse der vorigen §§ etwa in folgenden Sätzen zusammenfassen:

Synkope und Apokope halten sich bei Opitz in annähernd denselben Grenzen wie heute. Man könnte, freilich oft nicht ohne ein befondres Ethos, faft fämtliche Opitzifchen Apokopen und Synkopen auch in der modernen Sprache anwenden. Damals wie heute find auslautende Flexions-*e* ungleich fefter als ftammhafte, nur ganz beftimmte Gruppen laffen Apokope zu; damals wie heute entfcheidet oft die Natur des konfonantifchen Stammauslauts für oder wider Apokopierung. Aber wenn zwei minder betonte *e*-Silben auf einander folgen, bewahrt Opitz beide oder die erfte, fynkopiert die zweite, kann fie zuweilen fogar apokopieren; heute bewahrt man beide oder die zweite. Hier ift auch einer der wenigen Punkte, wo die moderne Schriftfprache noch pedantifcher ift als Opitz: er kann auch zwifchen gleichartigen Konfonanten fynkopieren, er kann in feltenen Fällen durch Apokope oder Synkope fogar Tempusunterfchiede verwifchen.

Fremdartig ift dagegen die principiell allgemeine Zulaffung der Elifion. Fremdartig auch für Opitz. Viele Roheiten, die dies Gefetz zur Folge hat, mögen auch in der vorigen Periode zu finden gewefen fein. Nur war diefe Sünde gegen die Sprache nicht größer als viele andre; hervortretend und widerwärtig wird fie erft durch Opitzens theoretifche Sanktionierung. Aber die neuen Elifionen find im Laufe der Jahrhunderte wieder befeitigt: hier ift die Sprache dem eigenmächtigen Reformator nicht gefolgt und freut fich wieder der feinen Abftufungen von auslautendem *e*, ohne darum den Hiat nicht zu vermeiden.

Die epithetifchen Vokale find an ihrer Unftätigkeit z. T. noch wohl zu erkennen; fie bilden die erfte jener Abftufungen, fie find die beweglichften. Von ihnen führt eine Reihe von Erfcheinungen zu den letzten und unbeweglichften, den *e* der Adjektivflexionen.*)

---

*) Vgl. jetzt auch Rubenfohn a. a. O. Seine Berechnungen über Apokope, Elifion, Epithefe verlieren an Wert durch die auch oben angedeutete Unficherheit bei der Abgrenzung der drei Erfcheinungen.

Betonung.

§ 66. Betonung.

1. Um zu zeigen, wie fich a und b auf dem Gebiete der Betonung zu einander verhalten, führe ich aus beftimmten Partien von ab die Änderungen vollzählig an, die der Betonung wegen in b vorgenommen fein können. Ich wähle, um Dichtungen möglichft verfchiedener Art und Gefchichte zu umfpannen *1.* b 35—64, *2.* b 131—143 und 147—162; dazu die in a entfprechenden Seiten.

Die Zahl der Änderungen ift in den beiden Gruppen fehr verfchieden: in der erften zähle ich nur 3 (*Wildfchwein* > *Schwein* 12 37, *mannháftig Hertz* > *ftarcken Sinn* 146 47, *Göttinnen* > *Göttinnén* 159 62), in der zweiten 41! Die erfte vereinigt das ‚Lob des Feldtlebens' und den ‚Lobgefang Bachi' die fchon 1623 und 1622 in Sonderausgaben erfchienen waren. Fügt man nun hinzu, daß der ‚Lobgefang Chrifti' b faft nur in orthographifchen Dingen von der erften Einzelausgabe des Jahres 1621 abweicht, fo ergiebt fich, daß Opitz eingefteht, von 1621 bis 1625 principielle Fortfchritte in der Betonung nicht gemacht zu haben. Und andrerfeits beftätigt fich, was fchon an andrer Stelle (cfr. Einleitung) bemerkt ift: daß die durch die zweite Gruppe vertretenen (a und b gemeinfamen) kleineren Gedichte verfchiedenen Inhalts eben wegen der ungleich häufigeren Betonungsänderungen vor 1621 zu fetzen find.

2. Wie verhalten fich nun in diefer zweiten Gruppe a und b, d. h. die Zeit kurz vor 1621 und die Zeit vor 1625. Ich zähle 41 Änderungen, 32 in der Wort-, 9 in der Satzbetonung. Die der Wortbetonung teile ich ein:

1. Worte von der Betonung x́ x̀ x: *glückfélig* a 3, *glückfélig* > *glückhafft* 73 154, *rechtfcháffen* > *recht* 21 140, *demütig* > *trewen*

21 140, *elénde* > *erbärmlich* 21 140, *außbändig* > *köſtlich* 23 142, *Irrliechter* > *Irrwiſch* 8 152, *nächtliche Tantz* > *Nächttantz* 69 154, *Göttinnen* a 86, *Freundinnen* a 87;

anláchen > *an zu lachen* 3 134, *anſcháwen* > *ſchawen* 5 136, *abkómmen* > *entkómmen* 20 139, *anhören* > *vernehmen* 20 139, *abweiſen* > *verweiſen* 22 141, *anblicken* > *Blicken* 58 147.

2. Worte von der Betonung x́x : *Jungfráw* a 20, a 21, a 24, a 54, *Göttin* > *Göttin* 7 152, *Feindin* a 87, *niemándt* a 7, *einöd* > *gantz öd'* 6 151;

anſéh > *ſeh'* 23 142, *einkómm* a 23, *anziehn* a 74.

3. *Poésis* > *Poeſie* 1 131, *vórhin* > *dámals* 6 151, *vórhin* a 7; *ewerέ* > *éwre* 4 134 zum Zeichen der Schwäche des enthetiſchen *e*: *ewere* kann nicht zwei Accente tragen; dagegen durchaus: *lieblichés, ſchöneſtén, édelé* cet.

Es ift ja augenfällig, daß ſich die Änderungen faſt nur mit den Schemata x́xx und x́x befchäftigen, und wiederum, daß das zweite ſich faſt durchgehends erſt durch Apokope vom erſten abgezweigt habe. Freilich, Worte vom Schema x́xx paſſen nicht in den iambiſchen Vers und es fragt ſich, ob man ſie zu x́xx́ oder zu xx́x verzerren will, um ſie hineinzuzwängen, d. h. welchen Wert man der Mittelſilbe gegenüber den beiden andern giebt. Nun zeigt ſich unzweifelhaft, daß der Nebenton kräftiger iſt, als er heute klingt; aber er iſt ebenſo unzweifelhaft verſchieden kräftig, und Opitz iſt vor die Frage geſtellt: wie ſtark muß ein Nebenton nach dem Hauptton ſein, um ihm den Versiktus rauben zu können?

Opitz hat auf denſelben Seiten, auf denen er die oben angeführten Änderungen vorgenommen hat, folgende Worte unter denſelben Accentbedingungen nicht geändert:

Jungfráwen (3 mal), *entréwes, rechtfcháffen; auffháwen, zumeſſen, ausſéen, ausſpréyet, aufhören, antwórtet, außbreiten; niemándt; einnimpt:, anthúe:, auffziehn, zugáb.*

Es zeigt fich alfo, daß beim Verbum die Accentverzerrungen viel öfter ftehen geblieben find, als beim Nomen. Urfache davon ift natürlich, daß der Nebenton im Verbalkompofitum (auch im neuen, uneigentlichen,) ftärker ift, fo ftark, daß felbft beim Schema x́x̀, wo es nicht aus x́x̀x herzuleiten ift, der Nebenton über den Hauptton erhoben bleibt (zweimal im Reim). Daß der verbale Nebenton früher eine größere Stärke hatte als heute, fcheint mir einleuchtend. Die Accentunterfcheidung zwifchen nominalem und verbalem Kompofitum wird nicht plötzlich eingetreten fein, fie ift auch nie zu einem reinlichen Abfchluß gelangt, befonders da zwifchen der nominalen und der alten, eigentlichen Verbalkompofition die jüngere uneigentliche fteht. Ich habe beobachtet, daß Schütz, für den Opitz das Libretto zur ‚Dafne‘ aus dem Italienifchen überfetzte, durchaus überall, wo er ungebundene, nicht den Maßregelungen des iambifchen Verfes unterworfene Rede komponiert, den Nebenton verbaler Kompofita über den Hauptton erhebt: der zweite Teil des Kompofitums erhält ftets auf der Stammfilbe einen Iktus. Daß Opitz nicht fo weit ging, zeigen die Änderungen und ‚Poeterey‘, Neudruck pag. 41: *obliegen aber, weil die erfte fylbe hoch, die andern zwo niedrig fein, hat eben den thon welchen bey den lateinern der dactylus hat.*

Von den Nomina ift kein Wort vom Schema x́x̀ in der Accentverzerrung geblieben, wenn man von *niemándt* abfieht, das kein echtes Kompofitum ift (f. u. Satzbetonung pag. 97). Die Accentuierungen *Júngfraw, Göttin* cet. find das Regelmäßige.

Unter den verzerrten Nomina vom Schema x́x̀x findet fich keins mehr, das den Hauptton auf eine nebentonige Ableitungsfilbe legte, wie *nächtliche*; nur der Nebenton von noch als folchen kenntlichen Stammfilbenvokalen kann den Hauptton bekommen: *entréwes*. Ich füge gleich hinzu, daß diefes Princip in b ganz durchgeführt ift. Und es ift nicht unwahrfcheinlich, daß Opitz, da er eine dreifache Abftufung der Tonftärke offenbar noch nicht erkannt hatte (vgl. die oben angeführte Stelle der ‚Poeterey‘), lich bei der Scheidung von nebentonigen Stamm- und Ableitungssilben ganz äußerlich an die lebende Sprache gehalten habe, grade wie bei der Regelung der *ä*-Schreibung (cfr. § 29,1), fodaß er z. B. in *elende* die Silbe *lend* für ableitend hielt, weil fie in feinem Sprachbewußtfein von dem Stammworte *Land* ifoliert war. Eine Verzerrung empfand Opitz indes in jedem Falle der Erhebung des Nebentones über den Hauptton, auch bei *rechtfcháffen*, *glückfélig*. Nur eine Ableitungsfilbe, offenbar die fchwerfte, hat fich jener Regelung der Nebentöne auch in b noch nicht ganz gefügt: -*inne*, -*in*. Zu den oben gegebenen Belegen find noch folgende zu ftellen: *Freundínne* a 84, *Wölffín* 128 H 31, aber *Göttinnen* > *Göttinnén* 159 62; Schutz geben der Silbe auch Zufammenfetzungen wie *Féldgöttinnen* 26 189.

Von der Satzbetonung will ich in fo engem Gebiete nicht handeln. So viel ift ficher, daß Opitz fich in der Satzbetonung noch viel mehr als in der des einzelnen Wortes von unficherm Gefühle leiten läßt. Zuweilen wird es ganz deutlich, daß er mit der Regelung des Worttones genug gethan zu haben glaubt: vgl. *hinreichet* > *hin wreichet* 17 149, *einöd* > *gantz öd* 6 151, *der jénen* 4 134, *gar nicht* 59 148; das zufammengefetzte Wort war falfch, jedes einzelne ift ihm richtig betont.

Ich zähle noch die Änderungen auf, die in der zweiten Gruppe der Satzbetonung zuliebe gemacht find: *Feld, Wáld, Berg, Laúb* > *Feldt, Heýde, Laúb* 19 137 (vgl. *Glút, Luff't, Érd' vnd Sée* 40 84, *Kunft, Weisheit, Éhr vnd Lób* 47 112, *Wind, Schnee, Fróft vnd Régen* 44 113.), *führe fie der zu* > *führe dér fie zu* 19 138, *éin folch Hértz* > *diß Hértz* 20 139, *wohin er mír will* > *Lúft hat* 22 141, *daß ér die, wélche* > *dáß er die, fo* 22 141, *daß ich fo* > *daß ich alfó* 59 148, *obfchon die gantze Wélt frey ift* > *ift fchón die Wélt befreýt* 69 153, *núr ich* > *ich núr* 53 156.

Stehen geblieben ift dagegen in derfelben Gruppe eine Satzbetonung wie *der filberné Taw fiel* 2 133. Vgl.: *Jupitérs Schoß, dér Welt groffes Liecht* cet.

Alſo auch in dieſer Gruppe kein durch eine neue Geſetzgebung geregeltes Umgeſtalten der Betonung, ſondern ein graduelles Entwickeln vom Freieren zum Strengeren, ſchneller in der Wortbetonung, langſamer und nur teilweiſe in der Satzbetonung, beides nach taſtendem Gefühl.

3. Dieſe Entwicklungskette läßt ſich herüber und hinüber noch um einige Gliedlein verfolgen: die Gedichte, die a und b jedes allein haben, werden auf einer früheren und ſpäteren Entwicklungsſtufe ſtehen, als die gemeinſamen Gedichte ab, die eben behandelt ſind. Und in der That findet ſich b/86—99, b/220—227 nur der eine Wortaccentfehler *auffgieng* b/89, und zwar im Reime. Die Worte vom Schema x́xx ſind vermieden. (Daneben viele Fehler im Satzaccent: *pfeift, heulet, ſingt vnd ſauſet* b,95, *jung vnd alt, arm vnd reich, Mánn vnd Wéib* b/99, *in dér Welt* b/223 cet.)

Dagegen finden ſich in den Gedichten, die a allein hat folgende Accentuierungen:

1. (x́xx >) x́x́x im Reime: *Jungfráwen* a/33, a/42, *vmbſcháwen* a/42, *einweihen* a/42, *einkéhren* a/42, *auffhében* a/48, *Göttínne* a/70, *zukómmen* a/78, *Elénde* a/79, *Jungfráwe* a/79, *auszéhlen* a/95, *außſingen* a/97; im erſten Versfuße: *nachfólgen* a/37. *Leibfárbe* a/74, *Haarfárbe* a/74, *meergrǘne* a/74; im Versinnern: *vnmǘſſig* a/42, *liebreíchen* a/51, *vnglücklich* a/62, *glückſéelig* a/70, a/96, *goltgélbes* a/70, *Göttínne* a/72, *abſtérben* a/96, *rechtſcháffen* a/97.

2. (x́x >) x́x́ im Reime: *niemándt* a/76, *einnám* a/78, *Nachſcháll* a/78; im erſten Fuße: *Jungfráw* a/43, a/79 (letzlich a/43); im Versinnern: *hingéht* a/33, (*gläſérne* a/43,) *anſtreicht* a/62.

3. Worte von andern Accentſchematen, meiſt im erſten Versfuß oder nach Cäſur: *Ewér* a/42, *lúſſen* a/42 (letzlich a/43, *gläſérne* a/43), *werdét* a/43.

Die Entwicklung iſt deutlich. Die Klaſſen *1* und *2* der Accentverzerrungen ſind unvergleichlich ſtärker beſetzt als in a b und b (die Gedichte a betragen noch nicht 20 Seiten), die dritte Klaffe, allerdings auch in a nur durch das fchlimme Gedicht auf Ruttarti Hochzeit vertreten, fehlt in a b und b fchon ganz.

4. Ich gehe noch einen Schritt weiter zurück, in die Opitzifche Frühzeit: in den 70 Verfen des Ariftarch, die Opitz gehören, finden fich ff. Accentuierungen: *Anfeinderin* im erften Fuße, *Stieffmütter, allés, Vnglück, offtmahls, lieblichen, außftöhet, witzlós, Schönheit, hertzliche* im Versinnern; *ftandhäfft, Wollüft* im erften Fuße; *rühmlich, zuftěht* im Reime. Alfo fogar noch Accentverzerrung iambifcher Worte im Versinnern; abgefehen von Verzerrung des Schemas x́x.

5. Faßt man zufammen, fo läßt fich über die ganze Entwicklung fagen, was für jeden einzelnen Abfchnitt gegolten hat: von 1617, von Opitzens erftem Auftreten, bis 1625 ein allmählicher Fortfchritt zu immer naturgemäßerer Betonung, nirgends eine principielle Umgeftaltung; nirgend find die Betonungsregeln feft formuliert. Opitz hat die wenigen eigenen Andeutungen über den Accent, die er in der „Poeterey" giebt, aus feinem Sprachgefühl abstrahiert, fie beruhen nicht auf dem Erkennen von etwas Gefetzmäßigem: er muß in jedem einzelnen Falle von neuem prüfen. Die Stufen diefer Entwicklung find nach der Einteilung des Stoffes, die ich oben angewandt habe, etwa folgende:

1. 1617: Die Schemata x́xx, x́x, xx́ können an allen Versftellen verzerrt fein zu xx́x, xx́, xx́.

2. Die Gedichte a/, vor 1621, zeitlich z. T. mit der folgenden Gruppe zufammenfallend: Die Schemata x́xx, x́x find verzerrt, x́x faft nur im erften Fuße und nach Cäfur.

3. Die Gedichte a b, von denen die größeren, vorher in Einzelausgaben erfchienenen, vor 1624, die kleineren wahrfcheinlich vor 1621 entftanden find: Die Schemata x́xx, x́x können beim Verbum an allen Stellen des Verfes verzerrt werden; beim Nomen wird x́xx zu xx́x, wenn die zweite Silbe Stammfilbe, zu

x́ x x́, wenn die Ableitungsſilbe iſt; x x̀ darf beim Nomen höchſtens im Reime zu x x̀ werden.

1. Die Gedichte b, vor 1625 entſtanden: das Schema x́ x x́ wird vermieden; x x̀ leidet nur beim Verbum Verzerrung; doch ſind die Fälle ſelten.

Nun vergleiche man Clajus' Grammatik von 1578 (ed. Weidling pag. 167): ‚*Versus* (scil. Germanorum) *non quantitate, sed numero syllabarum mensurantur, Sic tamen, vt ἄρσις et θέσις obseruetur, iuxta quam pedes censentur aut Iambi aut Trochaei, et carmen fit uel Iambicum uel Trochaicum. Syllabae enim, quae communi pronunciatione non eleuantur, sed raptim tanquam schewa apud Ebraeos pronunciantur, in compositione uersus nequaquam eleuandae sunt, sed deprimendae: Et contra syllabae longae et accentum sustinentes, nequaquam deprimendae, sed eleuandae sunt, et:*

$$\text{—} \ \smile \text{—} \ \smile \ \text{—} \ \smile \ \text{—} \ \smile$$
*Im Geſetze ſteht geſchrieben,
Du ſolt Gott den Herren lieben.*

Trochaici ſunt. Nam ſi Iambici eſſent, ſyllabae deprimendae eleuarentur, et eleuandae deprimerentur.‘ — Die Macht des Accentes iſt erkannt, das Princip der Silbenmeſſung ſpukt nur noch in der Terminologie, die zahlreichen Beiſpiele ſind tadelloſe, iambiſche und trochäiſche, nach dem Accente geregelte Verſe; die Gefährlichkeit des Schemas x́ x x́ ſcheint erkannt: es kommt nur einmal vor. Clajus iſt hier alſo ſchon weiter als der anfangende Opitz: Opitz iſt nicht Reformator, er hat der begonnenen Reformation Erfolg geſchafft. Freilich zeigt das nächſte Kapitel bei Clajus, das vom Hexameter und Diſtichon handelt, merkwürdigerweiſe wieder die metriſche Theorie der Antike auf das deutſche Sprachmaterial angewandt. Aber wer weiß, ob Opitz nicht auch dieſe Trennung nach Versmaßen vorgenommen haben würde, die den Hexameter von den übrigen Verſen abſeit ſtellt, wenn er ſich überhaupt des Hexameters, überhaupt des Dactylus bedient hätte? Vielleicht hat Opitz gerade darum den Dactylus vermieden, weil er ihn nicht nach dem Accente glaubte regeln zu dürfen. Denn diefe merkwürdige Scheidung läßt fich noch weiter verfolgen; zum Zeichen, wie wenig man — wie Clajus und Opitz felbſt — das neue Betonungsgefetz als allgemein giltig erkannte: Neumeifter fagt von Buchner: ‚*Teutonico in carmine Dactylum eleganter currere primus docuit*‘. Das wird doch bedeuten: Buchner wendet zuerſt die neuen Betonungsgefetze in dactylifchen Verfen an (daher ſind die Verfuche des Clajus ignoriert). Und noch A. W. Schlegel (‚Vorlefungen‘, Neudruck, Dritter Teil, pag. 61) fagt: ‚*worin er (Weckherlin) — vorteilhaft (von Opitz) abweicht, iſt dieß, daß Opitz es auf einen ununterbrochnen Wechfel langer und kurzer Sylben anlegte, welches zuerſt ſtreng genommen uns unmögliche gränzt, und demnächſt unleidlich einförmig feyn würde. Seine Sylbenmeſſung iſt aber denn doch wieder nicht genau, und diefe verfehlte Abficht giebt an ihm und feinen Nachfolgern den Beweis, daß das Prinzip der Quantität den rhythmifchen Verfen angehört, und in den gereimten nicht entfchieden hervortreten kann. Die Sylbenzahl und der Accent war urfprünglich das Prinzip der gereimten Versarten*‘ cet., d. h. Schlegel verkennt erſtens noch immer das Opitzifche Betonungsprinzip und weiſt zweitens die Quantitierung den rhythmifchen, doch wohl auch deutfchen rhythmifchen Verfen im Unterfchied von den Reimverfen zu.

6. Es bleibt nur wenig hinzuzufügen. Ich habe mich bei meiner Unterfuchung nicht auf die angegebenen begrenzten Partien von a b befchränkt: fie liefern die Beifpiele, die abgezogenen Regeln beziehen fich auf das ganze Material. Ich konſtatiere nur noch die Abweichungen von diefen Regeln und vom modernen Sprachgebrauch, die bisher nicht aufgezählt ſind: *Ártzney* 39 83, *Stammbúch* a 98, *lébendig* 148 49, b/F 11 cet., *lebéndig* und *lébendig* in einer Zeile b/95, *ábfchewlichen* 135 J 31.

Sonſt ſind bei Opitz die Betonungsregelungen wie heute. Freilich ſteht das einſilbige Wort (felbſt Enklitika und Proklitika, wie der Artikel find mit Einfchränkung fo gebraucht) beliebig in Hebung und Senkung, nur hier und da zeigt fich ein befferndes Sprachgefühl. Das ift indes kaum zu tadeln: die mhd. Dichter verhalten fich nicht anders; es kam erft fpäter zu deutlicher Erkenntnis, daß auch die Satzemphafe, der deklamatorifche Accent im Versbau Rückficht verdiene. — Im Übrigen wird x́ x x x zu x́ x x x, x́ x x zu x́ x x́, x́ x x zu x́ x x́: *Féldgöttinnen, Féldhewfchrécken, Júngfraurfcháft* (= *Jungferfchafft* x́ x x́), *éwigé, édelé*. Den Einfluß der Satzbetonung auf diefe Wortfügungen unterfuche ich nicht.

Die Betonung der Fremdworte hatte Opitz in der ‚Poeterey' (Neudruck pag. 41) faft der Willkür preisgegeben. Dem entfpricht feine Praxis: *Compáß, Colónien, Múficke, Türkis; Amázonen, Bacchylides, Dióclem, Nájades, Pyrámidés* cet.

Flexionen.

Es erübrigen nur noch Nachträge: alles Flexivifche, das mit Lautlichem zufammenhängt, ift fchon früher erledigt.

§ 67. Starkes Subftantivum.

Abweichend vom Nhd. finden fich ftarke Formen von ft. Subftantiven:

Sing. außer dem Nom.: *Friede* (auch fw.), *Held* (Plur. fw. b/b 21), *Nutz, Weingart* 138 K 11, 147 47 (fw.: b/C 41).

Plur.: *Bette* z. B. b/109, *Gärte* b/33, *Quell* 75 207, *Strahl'* > *Glanz* 66 144 fonft fw., *Blum'* 81 162 Plur.? (fonft *Blumen*). Zu *Meil* vgl. § 69,3.

§ 68. Schwaches Subftantivum.

Abweichend vom Nhd. find ff. fchwache Formen:

1. Masc. Sg.: *Hanen* (auch ft.), *Hertzogen. Lentzen* (auch ft.), *Mertzen, Monden* (auch ft.), *Schmertzen* (auch ft.), *Vatern* (auch ft.).

Plur.: *Altaren, Armen* (*Arm* > *Armen* 23 142), *Hainen, Hanen*, (*Leuten* > *Leute* 91 184, ſt. b'a 32,) *Reimen* (auch ſt., *Reimen* > *Reime* 67 218), *Sinnen* (*Sinne* > *Sinnen* 35 146), *Sternen* (*Sterne* a'120); a außerdem: *Thronen, Witzen*.

2. Fem. Sing: *Aſchen, Baſen, Ehren, Erden, Ferſen, Feſten, Flammen* (auch ſt.), *Frauen* (auch ſt.), *Flaſchen, Gallen, Gnaden, Gaſſchen* (auch ſt.), *Harffen, Heiden* (auch ſt.), *Hiſtorien, Höllen, Kertzen, Kirchen, Klippen, Kohlen, Krippen, Küchen, Linden, Larven* (*Larve* > *Larven* 13 38), *Lauten, Leichen, Machten*: (Plur.?) 125 H 11 (ſonſt ſt.), *Mitten, Naſen* (ſw. > ſt. 87 235), *Pforten* (auch ſt.), *Rippen, Schalen, Schlangen, Schulen, Seelen, Seiden, Seiten, Seulen, Sonnen* (auch ſt.), *Spitzen, Sprachen, Stellen, Stirnen, Straffen, Stunden, Sünden, Summen, Tinten, Vrſachen, Weiden, Wiegen* (auch ſt.), *Wüſten, Wunden, Zungen*; a außerdem: *Göttinnen, Gunſten*.

Plur.: *Brüſten* (auch ſt.), *Klüfften, Kräfften, Lüfften* (ſt. > ſw. 92 185), *Lüſten, Nöthen*. Der Numerus läßt ſich nicht erkennen bei *Bürden* 141 K 22, *Colonien* b/20. Über den Plur. von *Göttin* cet. vgl. § 22,2.

3. Neutra Plur.: *Elementen, Feſten, Geſtirnen, Jahren* > *Jahre* 8 153, 86 159, ſw. 8 153.

§ 69. **Sonſtige vom Nhd. abweichende Subſtantivformen.**

1. Oblique Formen im Nom. Sg. und danach gebildete Genitive: *Friede, in Friede, zu frieden, Friedensfürſt*: *Garten, Weingart*; *Hauff', Hauff, Hauffen*: *Monde, Monden, Mondes, Mondens*: *Name, Nam', Nam, Namen*; *Nutz, Nutzes*; *Stoll*; *des Hertzen, Hertzens*; *Löwen, Löwens*; *Menſchen, Menſchens*; *Botten* > *Bottens* 95 236; *Carlens*, (*Blitzenskind?*) *Heldens, Lentzens, Mayens, Ochſens*.

2. Plur. auf -*er* (*Liechter*;) *Menſcher* 228 4, *Menſcher* > *Menſchen* 228 4, ſonſt *Menſchen*; (*Örter*;) *Wälde* > *Wälder* 76 220, 91 184; (*Wörter, Worte*;) a: *Kröfer, Dörner*. — *Eigenthumbe, Felde, Würme*.

In *ein Eyer oder drey* 236 13 wird *-er* = *oder* zu fetzen fein, cfr. *ein Stücker drei*.

3. Dat. *Milch'* b/E 22 (D. Wb. 6, 2184 f.); *bei Nachte* (= *bei Tage*) b 163.

4. Fehlen von Flexionen. Cfr. Apokope (§ 63,1). Von den Neutris fcheint fich die Flexionslofigkeit des Nom. Plur. auf Maßbeftimmungen ausgedehnt zu haben: (*taufend Jahr* 131 H 42, *Jahr* b/244; demgemäß:) *zwo Nacht vnd zwene Tage* 154 56, *alle Nacht* b/180; *viel Meil weges* 13 38.

Außerdem fehlen zuweilen Flexionen in einer gewiffen fyntaktifchen Fügung: zwei eng verbundene Glieder haben nur eine Flexion: (x + y) + Flexion. Cfr. *Jungfraw Annen*; *den Printz und Fürften*; *dorte gelb'*, *hier weiße Blumen* u. ä. Dies gehört in das Gebiet der Syntax. Vgl. § 63,2.

§ 70. Genus.

Eine Reihe von Abweichungen in der Flexion rührt naturgemäß von dem bei Opitz und im Nhd. verfchiedenen Genus gewiffer Subftantiva her. Es find die folgenden:

M.	F.	N.
Schloß ‚pruina',	*Purfch*,	*Finfterniß* cet.,
Miltz,	*Porcellane*,	*Gewalt*,
Raft,	*Fafte*,	*Armut* b 5?
(*Zeug*),		(*Quell*,)
Loh,		*Reichthumb*,
Art,		*Honig*,
Schlaff ‚tempus',		*Altar*,
Crokodil,		*Safft*,
Lucken,		*Vortheil*(*Theil* M.),
? *Fahn* 44 113,		*Waffen*,
Thren b 141.		

Schwankend find: M.F.N.: *See*; M.F.: *Bach, Lufft, Prucht*(M.>F. 102 197), *Schoß* (meift F.); M. N.: *Menfch, Ort*; F. N.: *Gifft, Quell*.

§ 71. Pronominale Flexion.

1. Was über die Adjectivflexion zu fagen ift, ift bereits gefagt: §§ 58 ff. Alles Übrige, befonders auch der Wechfel zwifchen ftarker und fchwacher Flexion, gehört in die Syntax.

2. Die Perfonalpronomina der erften und zweiten Perfon haben im Genitiv: *mein* 15 241, 103 197 cet., *dein* a/94, b/180 cet.; Plur.: *unfer, ewer* 142 K 31, b/a 42 cet; daneben aber fchon Verwechfelungen mit dem weitergebildeten Poffefiivum: *meiner* b/a 22, *unfer allen > unfrer allen* 158 61, *ewrer > ewer Lieb'* 5 136 cet. Vgl. § 57,2.

Das gefchlechtige Pronomen der dritten Perfon hat im Gen. Sing. Masc. und Neutr. die Form des Reflexivums: *fein* b/D 11, b/D 12 cet., daneben: *feiner* a/A 11; *feines gleichen* b/a 31. Im Dativ fteht neben *jhm* noch *jhme* b/a 31, b/G 12. Das Feminin hat im Gen. Sing. und Plur. *jhr* 90 183, 96 214, a 59 cet, feltener *jhrer* z. B. b/b 22.

Vom Reflexivum werden gebraucht der Gen. *fein* (f. o.! auch vom Neutrum: b/25), der Acc. *fich*, (Dat. *fich* b/D 12). Für den Acc. des Masc. tritt auch das Perfonalpronomen ein: Dativ durchaus *jhm, jhr*, z. B. b/D 31, b/177, 130 H 41, b/L 21, auch fürs Neutrum: b/66.

3. Das Pron. *der, die, das* hat neben den einfachen Formen die Weiterbildungen Gen. Sg. *deffen, derer*, Plur. *deren, derer, denen*. Diefe gelten für Relativum und Demonftrativum, find aber, namentlich in der Profa, nicht von den Artikelformen abgegrenzt: *deffen* b/a 21; 40 84, b/76; *denen* b/a 21, b/b 22, b/31 Art. Ebenfowenig hat O. die nhd. Verfchiedenheit im Gebrauche von *derer* und *deren*: *derer* vor Rel.: b 133 (Sg.), b/121, b/199 (Plur.), aber auch felbft relativ 8 152, 40 84, b/124 cet., neben *deren* b/25 u. regelm. Erhalten ift *deme* b/a 22, b/L 21. — *dero* b/b 21 x: § 64,2. — Der Interrogativftamm findet fich auch

im Genitiv des Relativpronomens angewandt: *weſſen* b/K 42, *welches* b/D 41, *welcher* 19 138 cet.

4. Von den Zahlwörtern iſt *ein* noch ſehr oft unflektiert (cfr. § 63,2). Pluralbildung: *eine vnd andere Vmbſtände* b/b 21. *Zwei* hat folgende Flexionen: M. *zweene* 92 185, *zween* a 92, *zween* > *zween*' 96 214, *zween* > *zweene* 63 119; F.: *zwo* 104 238, b/E 12, Gen. *zweyer* a/33, Dat. *zweyen* 52 208, b/c 12, Acc. *zwo* a/33, b/65; N.: *zwey* a/33, b/91; Dat.: *zweyen* b/E 11. *Drey* fw. flektiert: Gen. b/124, Dat. 87 235. — *Dir, o beyde Sohn und Schwager des groſſen Jupiters* 146 46; ſonſt iſt für das Neutrum die Singularform *beydes* eingedrungen.

Zu *ſein Landtsmann einer* a/119 vgl. mhd. *ein sin vriunt*. Möglicherweiſe ſpielt auch *-er* hier die Rolle einer der ganzen ſyntaktiſchen Gruppe gemeinſamen Flexion. Vgl. §§ 63,2, 69,4, auch § 18 Anm.

§ 72. Starkes Verbum.

1. mhd. *i a â ë*. Starke Formen von *pflegen*: *pflag* 128 H 31, 227 3, b/106. — *geweben* 135 J 31. *Neſt : geweſt* > *gefunden : verbunden* 50 230; ſonſt *geweſen*. — Part. Praet. ohne Präfix: (*ihr habt*) *pflegen* a/78.

2. mhd. *i a â o*. *flocht*' 153 55. — *verholen* a 20, *gerochen* 136 J 32. — Ohne Präfix im Part. Praet.: *kommen* a/71, 21 139, b/176 cet.

3. mhd. *i a u o*. Zur Praeſensvokaliſation: *ich brinne* a 87, *brenn*' 100 237; *ſtirbſt* > *ſterbſt* 34 95; *er verdirbet* 97 237, *milckt* 13 38, *verſchirrt* 227 3 (zu * *verſcherren*, wie * *verwirrt* zu) *verwerren* 130 H 41, *erſchillt* > *erſchüllt* 11 36, *erſchallt* 87 160 intranſ., *erſchellt* 125 H 11 tranſ.: Vgl. § 73,1. — Praet.: *empfund* a/93, *funden* 153 55, *empfunden* 137 J 42 (Participium?), *klungen* 152 53, *ſchwummen* b/D 41, *ſprungen* a/94; *gollen* b/b 12, *worden* b/E 22 × ×, 157 59. Über den Wechſel von *o* und *u* vgl. § 41: Opitz ſprach

wahrſcheinlich *o.* — Part. Praet.: *verbrunnen* (: *Sonnen*) b/E 41, *verdrungen* 19 137, b/178, *gehuncken* 151 53, *gerunnen* a/101, b/243 (ſonſt *geronnen*), *verſchorren*: b/77 (*o-u*: § 41). — Das Präfix *ge-*: *enbbunden* (= *ungebunden*) 100 237, *funden* 1 131, 48 161, b/124 und regelmäßig, *worden* (= *geworden*) 90 183, b/109; *mißgelungen* b/19.

4. mhd. *a uo uo a.* Sing. Praet.: *hub* 141 K 22, b/219, *ſtund* 2 133, 226 2, b/68, b/176; *ſtundſt* 154 56; *ſtund* b/C 22. — Plur. Praet. und Conj. Praet.: *ſtunden* 144 44, b/67; *ſchwüre* 237 15, *ſtünd'* 4 135, *hiebe* b/96 (= *hübe* vgl. § 36). — Part. Praet.: *erhaben* 38 82, 142 K 31 (*gehoben* 148 49).

5. mhd. *iu ou u o.* Das *iu* des Präſens iſt zu *eu* geworden: *fleucht, reucht, zeucht, vergeuſſeſt, verleuret, fleug* cet. z. B. 4 134, b/219. — *flug* b/D 41. — Conj. Praet. *lüge* 237 15.

6. mhd. *i ei i i.* Praet.: *ſchrey* 150 51, 152 53. — Part. Praet.: *enterſcheiden* 136 J 32. Zu *grieff, beſtriechen* u. dgl. vgl. §§ 37, 38. — Ohne Präfix: *blieben* 25 188, 136 J 41, b/176.

7. mhd. redupl. Verba: *empfahn* a 23, *empfahn* Imp. 21 140, *empfangen* 31 107 cet. — Part. *verhangen* b/179. — *mißgefallen* 74 155.

Über das Präfix *ge-* vgl. auch 1—3, 6 und § 73,2.

Vgl. die Abſchnitte über Eliſion und Epitheſe: §§ 63, 64.

§ 73. Schwaches Verbum.

1. Schwach ſind im Gegenſatz zum Nhd.: (*verderbte* b/E 22, b/G 32 faktitiv,) *eingeſaltzt* 13 38, *begonte* 154 56, *begunnet* 9 240, *begunt* a 4, 158 61 cet., *erkieſt* 87 160, b/198, *gepreiſet* 131 H 42 (*geprieſen*: 137 J 41), *gerufft* 133 J 12, b 84, *geweiſt* 1 131, 23 142. Vgl. § 72, 1, 3, 7. — *rechnen* ‚ulcisci‘ 82 164 (veranlaßt durch das Nebeneinander von *rechenen* und *rechen* ‚calculare‘?)

2. Zum ‚Rückumlaut‘. *auffgewacktes* b/b 22, b/219, *bekandt* 18 149, *fluckte* 150 51, b/L 12, *fleckt > fluckt'* 9 239, *ſatzte* b/D 41, *beſtalt* b/D 41, b/E 11, *geſtallt vngeſtalt* 80 208, 100 187 cet.,

— 108 —

zutrauut b/102; *gekennt* 145 45, 156 58 u. ö., *zuerkennt* 31 107, *befetzt* b/D 41, *geftellt* b/D 32, b/D 42, *unverwendt* b 228; *erkennet* 17 149, *genennet* 38 81, 66 144. Über das Verhältnis von Rückumlaut und Synkope vgl. § 57, 4.

3. *bracht* 26 189 (*gebracht* b/189); *geprophezeit* b/E 31.

§ 74. Praeteritopraefentia cet.

Die Präteritopräfentia und Anomala bilden folgende von den modernen abweichende Formen: *taug* 44 113, 229 6, b/C 11, b 190 u. ö.; *du weiffeft* 6 206, b 146 u. ö.; *du wilt* 7 151, b/228 u. regelm., *wilt : Bild* b/106, *wilt* ≻ *wilft* 57 193; *folt* b/121; *gunnte* a/119, *vergunt* b/166, *vergünnt* 25 188, *kunte*, (*kunde*, vgl. § 2) 48 161, b/219 cet. Über den Wechfel von *o-u*, *ö-ü* im Praet. vgl. §§ 34, 43, 44.

Bin, bift, ift (mit *i*: § 37); *feind* 3. Perf. a 57, *feind* ≻ *find* z. B. 31 108, *fein* (1. Pl.) 63 119, (3. Pl.) 4 134, 15 195 u. ö., *fein* ≻ *find* 60 115, 66 232 u. ö. Die *ei*-Formen ftehen in b faft nur noch im Reime; vgl. § 54. Imperativ: *biß* a/29, 131 H 42, b 146 cet., *fey* a/28.

ich thet a 4, *thäte* (Ind.) a 33, *er thet* 141 K 22.

In a find die Formen *gahn*, *ftahn* häufig; in b tritt faft durchaus *gehn*, *ftehn* dafür ein; vgl. *heran : gahn* ≻ *ftehn : gehn* 53 157; vgl. auch §§ 27,2, 33,4.

Nachtrag. Vielleicht ift *Myrtenbaum* b/163 nicht Druckfehler; dann ift es zu § 18 anzuziehen. *Atftein* b/211 wird *Aytftein* meinen; vgl. § 57,1 und D. Wb. I, 190.

Vita.

Ich, Georg Baefecke, geboren zu Braunfchweig am 13. Januar 1876 als Sohn des Apothekers Dr. phil. Herman Baefecke und feiner Frau Henriette, geb. Fromme, evangelifch-lutherifchen Bekenntniffes, braunfchweigifcher Staatsangehörigkeit, habe Michaelis 1885—94 das Herzogl. Neue Gymnafium meiner Vaterftadt befucht, dann, mit dem Maturitätszeugniffe ausgeftattet, zwei Semefter in Göttingen, eins in Berlin, eins in Heidelberg und wieder fünf in Göttingen germanifche und klaffifche Philologie ftudiert. Vorlefungen und Übungen habe ich in diefer Zeit bei folgenden Herren Docenten mitgemacht: Baumann, Bechtel, Bonwetfch, Braune, Diels, Carl Dilthey, Kuno Fifcher, Herrmann, Heusler, Heyne, Kaibel, Leo, Meißner, Wilhelm Meyer, Georg Elias Müller, Roethe, Rohde, Erich Schmidt, Wilhelm Schulze, Thode, v. Waldberg, Weinhold, v. Wilamowitz, Wunderlich. Mitglied deutfcher Seminare bin ich Michaelis 1895—97, klaffifch-philologifcher Oftern bis Michaelis 1896 und Oftern 1897—98 gewefen. Allen meinen Lehrern fpreche ich den gebührenden Dank aus, befonders Herrn Prof. Roethe für Anregung und Rat zu diefer Arbeit.